展示设计

崔建成　勾　锐　◎著

（第3版）

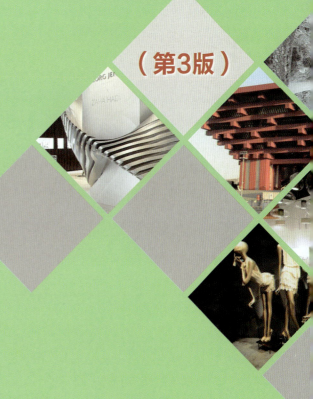

清华大学出版社
北京

内 容 简 介

本书是探索实施高校课程教学改革的抛砖之作,从培养和提高学生的综合能力入手,全面系统地阐述了展示设计的基本理论、展示视觉设计、展示空间设计、展示道具设计等方面的知识。本书在形式上一改传统教材中罗列理论要点的叙述方式,结合项目式、分组式等教学方法,将原来集中讲授的整个理论课程,拆分成几个部分,每个部分自成体系。

本书适合艺术设计专业学生、艺术专业设计人员以及广大设计爱好者阅读和使用。

本书封面贴有清华大学出版社防伪标签,无标签者不得销售。
版权所有,侵权必究。举报:010-62782989,beiqinquan@tup.tsinghua.edu.cn。

图书在版编目(CIP)数据

展示设计 / 崔建成,勾锐著. —3 版. —北京:清华大学出版社,2020.8(2023.2重印)
ISBN 978-7-302-56333-4

Ⅰ. ①展… Ⅱ. ①崔… ②勾… Ⅲ. ①陈列设计—高等学校—教材 Ⅳ. ① J525.2

中国版本图书馆CIP数据核字(2020)第 155866 号

责任编辑:邓　艳
封面设计:刘　超
版式设计:文森时代
责任校对:马军令
责任印制:宋　林

出版发行:清华大学出版社
　　　　　网　　　址:http://www.tup.com.cn,http://www.wqbook.com
　　　　　地　　　址:北京清华大学学研大厦A座　　　邮　　编:100084
　　　　　社 总 机:010-83470000　　　　　　　　　邮　　购:010-62786544
　　　　　投稿与读者服务:010-62776969,c-service@tup.tsinghua.edu.cn
　　　　　质量反馈:010-62772015,zhiliang@tup.tsinghua.edu.cn
印 装 者:三河市铭诚印务有限公司
经　　销:全国新华书店
开　　本:185mm×260mm　　　印　　张:8.75　　　字　　数:214千字
版　　次:2010年3月第1版　　2020年9月第3版　　印　　次:2023年2月第4次印刷
定　　价:58.00元

产品编号:084966-01

前言
PREFACE

随着我国经济水平的持续提高，展示设计越来越多地受到人们的重视。加之科技的发展，以及人们文化自信程度的不断提升，各类商业展示、文化展示、旅游展示层出不穷，展示活动的举办场次更趋频繁，举办规模更趋宏大，举办质量更趋卓越。凡此种种，给展示设计带来发展机遇的同时，也提出了更高的要求。

在这种形势下，培养具有一定展示设计能力的专业人才，就成了高等院校艺术设计类专业责无旁贷的使命。而好的教材无疑能够为教学效果提供必要的保障，也正是出于这个原因，我们在前两个版本的基础上，进行了勘正，再版了这部教材。

这次的再版，我们仍然保持了以教学实践为主线的风格，增加了部分理论知识点和大量的图片。第1章主要介绍展示设计的相关概念和展示活动的发展过程，第2章主要介绍展示设计的特征、各种分类方法以及展示设计的要素，这两章属于纯理论讲述的章节，目的是使读者能够对展示设计的各个方面有个初步的了解，没有设置作业习题；第3章、第4章和第5章分别讲述了展示空间设计、展示道具设计以及展示视觉设计，在延续第二版的内容基础上增加了大量的图片及案例分析；第6章是主题展示设计，与之前版本的不同之处在于增加了5个较有代表性的展示空间案例，以便更好地拓宽读者的专业视野。后4个带有实训环节的章节，展示了笔者在教学实践中的一些教学成果，以供读者参考。

本书以大量的图片为依托，内容紧跟时代要求，结构层次清晰，理论与实践并重，在设计方面具有较强的启发性。适合艺术设计专业学生、艺术专业设计人员以及广大设计爱好者阅读和使用。

本书由青岛科技大学崔建成和勾锐两位老师写作，限于作者水平，书中难免存在疏漏与不足，恳请各位同仁和读者指正。

特别声明：书中引用的有关作品和图片仅供教学分析使用，版权归原作者所有，在此对他们表示感谢！

著者

目 录
CONTENTS

第 1 章　缘起　　　　1

1.1　概念 2
  1.1.1　展示的概念 2
  1.1.2　展示设计 3
1.2　发展 4
  1.2.1　发展历史 4
  1.2.2　中国情况 5
  1.2.3　世界博览会 8

第 2 章　初见　　　　13

2.1　特征 14
  2.1.1　展示 14
  2.1.2　展示设计 15
2.2　分类 17
  2.2.1　各类展会 17
  2.2.2　商业展览 19
  2.2.3　博物展馆 21
  2.2.4　视听展演 22
  2.2.5　旅游展示 22
  2.2.6　庆典礼仪 23
  2.2.7　广而告之 24
2.3　要素 24
  2.3.1　尺度 24
  2.3.2　视听 26
  2.3.3　称心如意 28

第 3 章　空间　　　　31

3.1　规划 32
  3.1.1　平面组织 32
  3.1.2　动线设计 35
3.2　单体 36
  3.2.1　空间分类 36
  3.2.2　限定方法 41

3.3 群化 44
　　3.3.1 功能空间 44
　　3.3.2 群化组织 47
3.4 实训 48
　　3.4.1 平面规划设计 48
　　3.4.2 单体空间设计 50
　　3.4.3 空间群化组合设计 55

第4章　道具　　　　　　　　　　61

4.1 概述 62
　　4.1.1 概念 62
　　4.1.2 功能 62
　　4.1.3 原则 63
　　4.1.4 分类 64
4.2 承载 64
4.3 贮藏 67
4.4 陈述 69
4.5 表现 71
4.6 实训 72

第5章　视觉　　　　　　　　　　77

5.1 形式 78
　　5.1.1 点、线、面、体 78
　　5.1.2 形式美法则 83
5.2 色彩 87
　　5.2.1 设计原则 87
　　5.2.2 设计方法 89
5.3 版式 91
　　5.3.1 设计要素 91
　　5.3.2 编排方法 93
5.4 材质 95
　　5.4.1 材料特性 95
　　5.4.2 功能作用 98
5.5 实训 101

第6章　主题　　　　　　　　　　107

6.1 案例 108
6.2 实训 119
　　6.2.1 融 119
　　6.2.2 园 124
　　6.2.3 网 127
　　6.2.4 戏 130

第 1 章

缘起

1.1 概念

1.2 发展

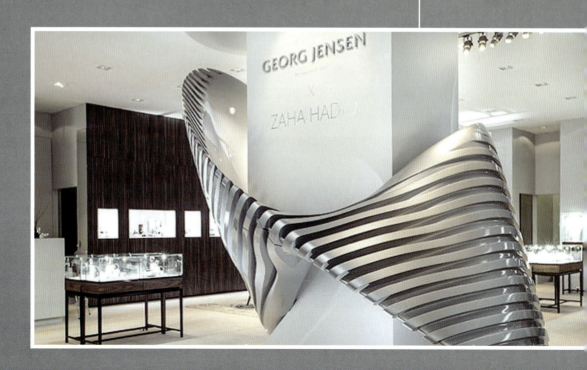

展示活动以其特有的信息直观性和集中性、群众参与的广泛性和社会性，成为人类生活中各个领域的信息媒介与桥梁。同时，展示设计是应用性很强的一个交叉的边缘学科，涉及很多方面的内容，如文学、摄影、风俗、科技等。因此，展示设计从本质上讲是功能、技术与艺术形象的综合，是科学与艺术的统一。

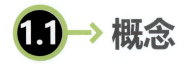

1.1 概念

1.1.1 展示的概念

展示是"展"和"示"的复合词，"展"具有转动、伸张或放开、延伸、陈列、察看、确实等多种语义，是一种具有流动感的行为；"示"具有观看和接受两层意义。因此把展示仅仅解释为"陈列出来供人观看"是不全面的，完整的语义应该是：清楚地陈列出来供人观看，并使人接受（见图1-1）。

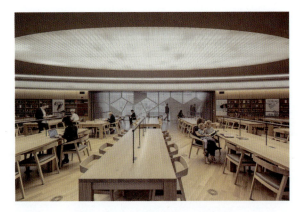

图1-1　加拿大卡尔加里中央图书馆

进一步而言，展示具有阐述、解释和宣传、夸耀两种基本作用。展示的阐述作用是将隐藏或掩盖之下的某种观点、事物的意义揭露和显示出来，供人观看和接受，具有空间创造与组织的性质。展示的宣传作用表明展示是一种壮观的陈列、展出，以其范围、细节、经典、系统、美观、丰富的程度等而引人注目，具有广告、宣传的性质（见图1-2）。

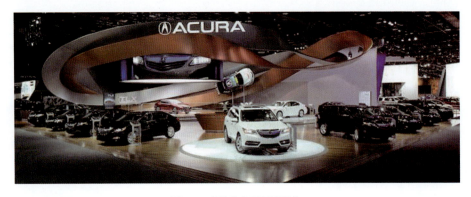

图1-2　底特律车展讴歌展位

1.1.2 展示设计

1. 两种观点

关于展示设计概念的认识有两种观点，即狭隘说和广义说。

狭隘说主要有两种。第一种狭隘说将展示设计限定在视觉信息传递或空间造型的某一方面，即展示设计是关于视觉信息传递的规划和实现，或者展示设计是空间形态的规划和实现。无论是前者还是后者都有失偏颇。第二种狭隘说认为展示设计仅仅是展览设计。显然，这种说法是许多年前提出的，在今天看来其学科范围过于窄小，已经不能适应当今社会发展和学科本身的发展要求。因为，当今的展示设计面临的设计类型比展览设计要广泛得多，而设计内容也明显系统化了。它不单单是视觉信息传递或空间造型的某一方面的设计，也不单单是关于展览的设计（见图1-3～图1-6）。

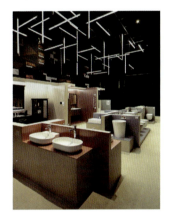

图1-3 展会中的Kale展区

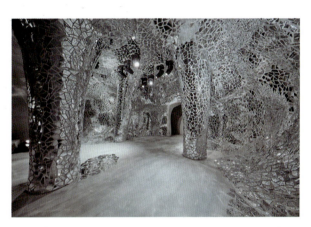

图1-4 Bureau betak设计的镜面展示馆

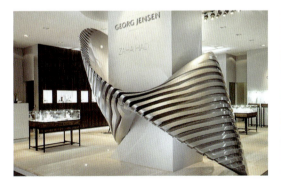

图1-5 巴塞尔钟表展中的GEORG JENSEN展位

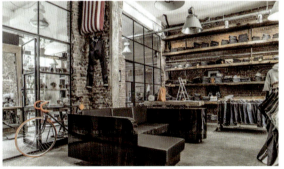

图1-6 GOOD GENES STORE牛仔服装店

广义说包含两层意义。首先，立足于展示的基本概念，将展示从展览设计扩展到博物馆的展示设计、商店营销环境的展示设计等领域。其次，展示设计不仅是展台或展板版面的设计，还是展示的规划、总体的安排以及展示的推广等一系列的系统设计。

因此，广义说是狭隘说的发展，也是近十多年来中国展示设计界大多数人所支持的说法。这一观点的负面影响是无限扩大展示的范畴，进而扩大了展示设计的范畴。

2. 合理的定义

展示设计是一种在一定时间和空间范围内，运用物品陈列、空间规划、平面布置和灯光控制等方式，集中向观众传递大量信息的设计形式。它是集多种功能、多种内容、多种形态的一种复合性设计类别（见图1-7～图1-9）。

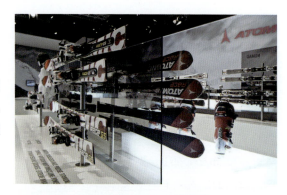

图1-7　慕尼黑运动用品展

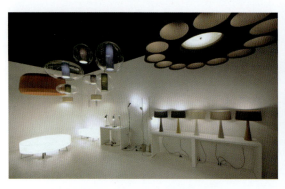

图1-8　2014法兰克福灯具展

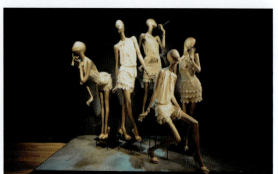

图1-9　某服装展位

展示设计服务于展示的功能，适合展示活动的应用。所以，展示设计的基本目的是创造合理的、视觉化的信息系统。展示设计的任务可概括为：创造良好的陈列空间和展示环境，创造最佳的陈列方式和展示形象，创造和谐的人机关系和人际关系。

因此，展示设计在本质上是以展品为主角，以展现展品个性、突出展品间的联系、体现展示目标、营造展示环境为基础的。展示设计实际上是展示过程和观众视觉流程的设计，它是展示的空间并存性和时间历时性相结合的形式，是开放与参与相结合的动态性设计。

1.2 发展

展示艺术的发展是一个漫长的过程，从原始的发自本能和精神要求的展示活动到现今，展示活动的形式、功能和内涵在不断地深化和丰富。随着社会经济的发展，展示艺术开始得到人们的普遍重视，逐渐形成一个实用的专业学科。

1.2.1 发展历史

1. 雏形期

展示艺术在人类社会发展史上产生得很早。由于原始社会科学不发达，人们无法理解大自然的神奇力量，以致产生恐惧，所以出现了宗教迷信（见图1-10）。进行宗教活动所用的祭坛、图腾、神庙或佛寺等，实际上就是陈列佛像、宗教画和雕刻艺术的原始博物馆。当人类社会发展到封建社会，由于有了社会分工，进行产品交换的商业贸易也相应地发展起来，因此形成了集市。在集市上，人们把自己生产的各种物品展示于摊床之上供人挑选，这就是最原始的展览会。至少从封建社会中期起，就有了展卖商品的商店，店铺有专门的牌匾、商标与广告，有专用的货架、柜橱、徽号与招牌，还产生了收藏书画、珠宝和古文物的私人博物馆。

2．发展期

在古希腊、古罗马、拜占庭、巴比伦和古埃及等国，很早就建立了博物馆，但以收藏艺术品为主。在欧洲，自从文艺复兴以后，资本主义经济得到发展，集市与庙会增多，随着考古学、自然科学、地质学与航海业的发达，在公元18世纪末以后，为适应资产阶级发展的需要，英、法、奥、捷、德等国先后出现了自然博物馆、地志博物馆、人文博物馆、工艺美术博物馆和科技博物馆等，其中，最著名的是1753年建立的"大英博物馆"（见图1-11）。欧洲的正式展览会于1799—1800年先后在法国巴黎和英国伦敦举行。展示设计作为一个学科，是从18世纪末，欧洲开办世界性的博览会时开始建立的。

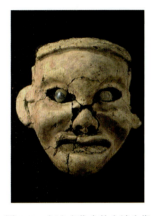
图1-10　红山文化中的女神头像

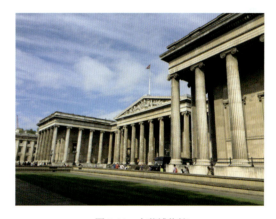
图1-11　大英博物馆

但展示设计的真正发展是从19世纪开始的。19世纪初，欧美出现了橱窗陈列和商品广告。工业革命的到来、社会生产力的提高、科学技术的进步，为举办国际性的展览提供了有利条件。

3．成熟期

早在19世纪中后期，一些经济发达的国家在举办世界性的展示活动中获取了极大的实惠，因而各国争相举办，出现了一些混乱局面，这种混乱导致了浪费和办展效益的降低。为了控制一些经济发达国家纷纷举办世界性展示活动的混乱局面，使国际展示活动走上健康的良性循环轨道，1912年，在法国召开的国际会议上，制定了《国际博览会条约》。因为发生了第一次世界大战，这个条约一直没能生效。一战后，为适应世界性展示活动发展的新趋势，1923年由法、英、德等国发起，在法国巴黎成立了国际性展示组织——国际博览会办公署，1928年起草了《国际博览公约》，且沿用至今。

1.2.2　中国情况

根据史料记载，中国在商周时代，就开始有专门从事商业活动的商人，到春秋战国时期，出现了临淄、洛阳、邯郸等一大批商业城市，展示活动有了进一步的发展。唐宋时代，商贸有了更大的发展。宋代张择端的《清明上河图》形象地描绘了北宋年间汴京清明时节商业繁荣、店铺林立的热闹景象。画中大街小巷，店铺林立，酒店、茶馆、点心铺等百肆杂陈（见图1-12）。

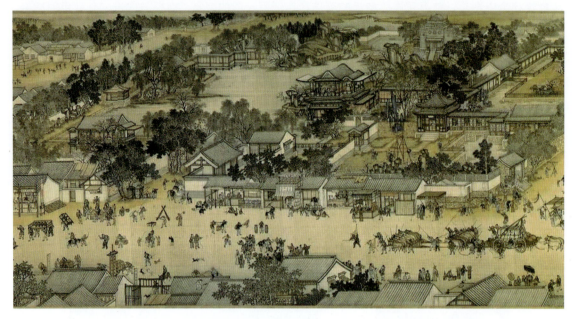

图1-12 《清明上河图》局部

自北宋起，中国已经有了定期举办的商业性的庙会。如《东京梦华录》记载："相国寺每月五次开放，万姓交易。大三门上皆是飞禽猫犬之类，珍禽奇兽，无所不有。"明清时期庙会更为盛行，在北京以隆福寺、护国寺最为有名。各种戏剧杂耍、民间手艺表演、风味小吃、商品交流一应俱全，令人目不暇接。集市、庙会的繁荣促进了商品的生产和流通，也促进了贸易的发展，虽然在商品展示的形式和技术手段上与现代展示相去甚远，但可以说为现代展示的形成和发展奠定了基石（见图1-13和图1-14）。

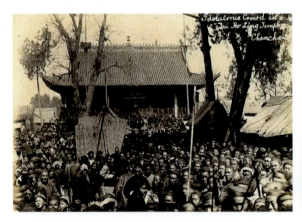 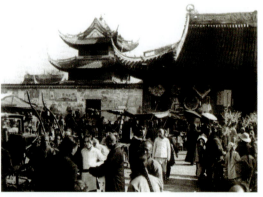

图1-13 1900年周口太昊陵庙会　　　　　图1-14 清末庙会上的小摊

近代中国，由于资本主义商品的输入和民族工商业的发展，陆续出现了许多新的商业展示形式,如路牌广告、霓虹灯广告、街车广告、报纸杂志广告和其他印刷品(样本卡、带年画日历的月份牌等)广告相继在上海、天津等大城市出现,广告公司相继成立。清朝末年,我国有了中式的展览会和博物馆。1905年南京举办了第一届博览会,1919年故宫博物院开放。从1920年起,我国开始营造博物馆和展览馆。1932—1937年,青岛水族馆(见图1-15)、上海博物馆和南京博物馆正式建成,并在南京博物馆举办了"中国建筑展览会",共展出古代及近代建筑模型、图纸、材料和工具等1 000余件。

20世纪50年代,我国建造了中国历史博物馆、中国革命历史博物馆、中国美术馆、全国农业展览馆、北京自然博物馆、地质部地质博物馆、中国人民革命军事博物馆、民族文化宫以及具有俄罗斯风格的诸如北京展览馆、上海展览馆、武汉展览馆等众多展示场馆,为展示活动的开展提供了必备条件(见图1-16～图1-18)。

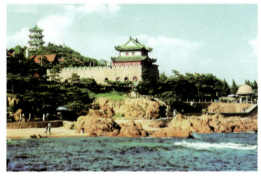

图1-15 1932年建成的青岛水族馆

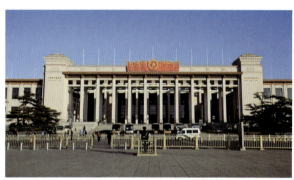

图1-16 中国革命历史博物馆

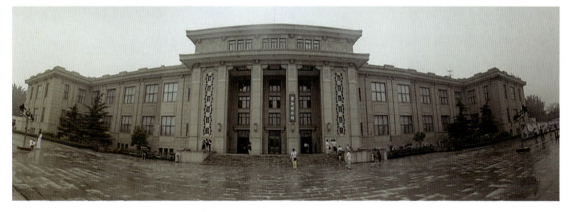

图1-17 北京自然博物馆全景照片

改革开放以后,我国的展示业得到了蓬勃发展,各种大型的百货大楼、自选商场、购物中心的出现,对展示陈列艺术提出了新的要求;纪念馆、民俗展览馆、微缩景观、儿童活动中心、自然保护区、人文保护区等层出不穷,扩大和丰富了展示的内涵;具有各种现代化设施、功能齐全的诸如北京雁栖湖国际会展中心、大连国际展览贸易中心、珠海展览中心、深圳国际展览中心、上海展览中心等展示建筑的不断涌现,加强了我国与世界展示活动的联系(见图1-19)。

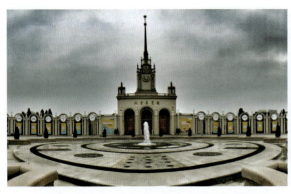
图1-18　北京展览馆

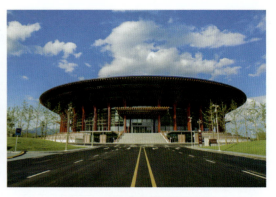
图1-19　北京雁栖湖国际会展中心

1.2.3　世界博览会

世界博览会（简称世博会）是现代展示的一种主要形式，它是由一个国家的政府主办，有多个国家或国际组织参加，以展现人类在社会、经济、文化和科技领域取得成就的国际性大型展示会。其特点是举办时间长、展出规模大、参展国家多、影响和意义深远。

世界公认的第一次国际博览会是1851年由英国政府在伦敦的海德公园主办的万国产业成果大博览会。这次博览会由英国皇家工艺协会主办，主席是维多利亚女王的丈夫阿尔伯特亲王。为了世界博览会的举办，在海德公园兴建了巨大的展厅——世界上第一个展览建筑，整座建筑采用了现代的铁架和玻璃结构，由一系列细长铁杆支撑起来的网状构架形成玻璃墙面，长563m，宽124.4m，高20.13m，建筑面积70 000m^2，被称为"水晶宫"（见图1-20）。这座展览建筑形成了广阔的透明空间，超越了传统建筑的境界，以至于欧洲随后相继举办的博览会，几乎无一例外地采用铁架玻璃结构，以解决陈列和采光问题。这是人类历史上第一次国际性综合博览会，参观的人数达到600万人次以上，获得了巨大的成功。在伦敦博览会后的几年里，人们对大众传播与交流媒介的需求空前强烈，于是展览活动的形式被固定下来。

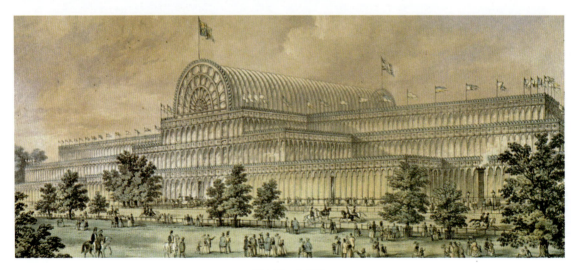
图1-20　水晶宫

从首次博览会到今天的 100 多年时间中，世界性的博览会举办了 40 多次（见图 1-21～图 1-26）。这些博览会反映出始于 18 世纪 70 年代的产业革命，始于 19 世纪 40 年代的工业革命，始于 20 世纪的以电力、化学制品和汽车的发展为标志的第三次工业革命，以及目前以网络技术、生物工程、高新技术开发为标志的信息革命的进程。可以说，世界博览会的发展伴随着人类科学的进步以及世界经济的发展。

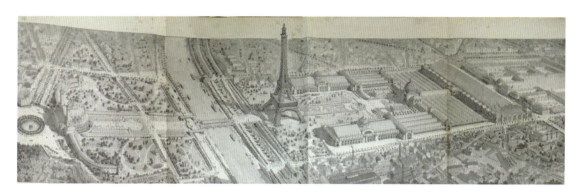

图 1-21　1889 年法国巴黎国际博览会鸟瞰图

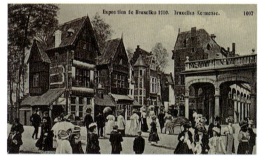

图 1-22　1910 年比利时布鲁塞尔世博会

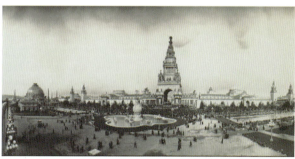

图 1-23　1915 年美国旧金山博览会

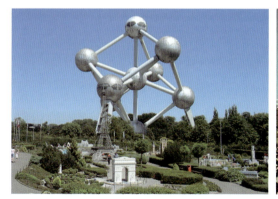

图 1-24　1958 年比利时布鲁塞尔世博会上原子模型塔

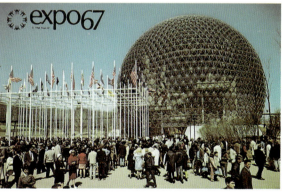

图 1-25　1967 年加拿大蒙特利尔世博会

1928 年，国际展览局（BIE）成立后要求各申请举办世博会的城市必须提出一个明确的申办主题。从 1933 年美国芝加哥博览会开始实施，以后每届均有明确的主题，主办者和参展者为了使展示贴近主题，在遵循"按主题办展"方面做出了富有成效的努力。从1933年以后无论是综合性还是专业性的博览会，其主题思想都与时代发展同步。进入现代社会以后，"主题"更成为申办世博会成功与否的关键因素之一。本世纪举办的几次世界博览会更是主题特色鲜明，体现了时代的进步。

我国最早以官方名义参加的国际性展览会是1904年的圣路易斯国际博览会（见图1-27），其间展出了北京颐和园的模型。迄今为止，我国已经参加了12次世博会（见图1-28～图1-34），特别是于2010年成功主办了中国上海世界博览会（见图1-35），主题是"城市，让生活更美好"。

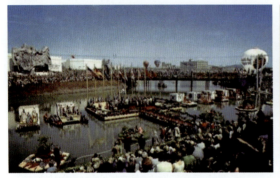

图1-26　1974年美国斯波坎世博会开幕现场

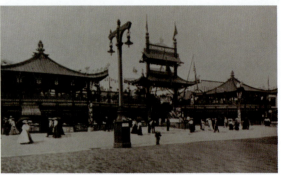

图1-27　1904年美国圣路易斯世博会上的中国馆

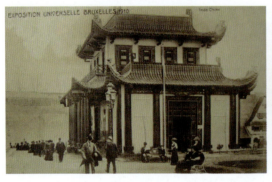

图1-28　1910年比利时布鲁塞尔世博会中的印度支那馆

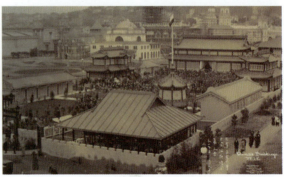

图1-29　1915年美国旧金山世博会中国馆全景

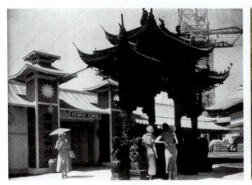

图1-30　1933年美国芝加哥世博会中国馆前的牌楼

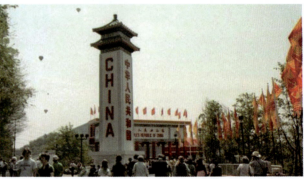

图1-31　1982年美国诺克斯维尔世界博览会中国馆

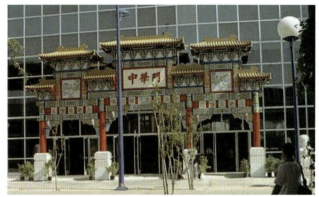
图1-32　1992年西班牙塞维利亚世博会中国馆

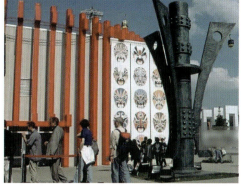
图1-33　2000年德国汉诺威世博会上的中国馆

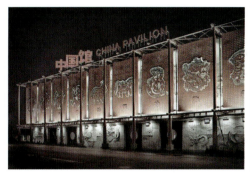
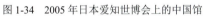
图1-34　2005年日本爱知世博会上的中国馆

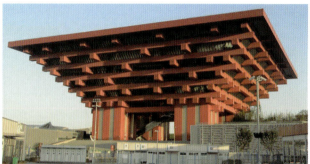
图1-35　2010年上海世博会中国馆——东方之冠

第 2 章

初见

2.1 特征
2.2 分类
2.3 要素

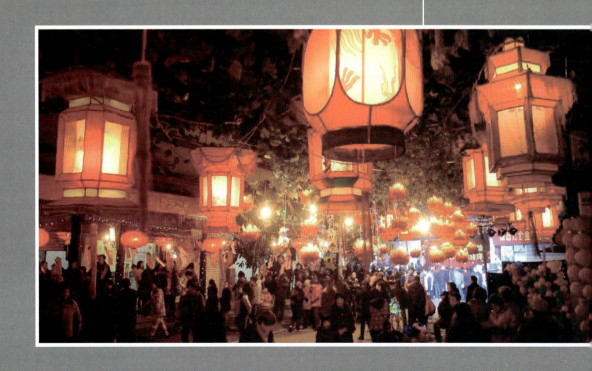

2.1 特征

2.1.1 展示

1. 综合性

展示包含了视觉和听觉，二维、三维和四维的物质形态，展示综合了各种技术手段，如工程、电子、激光、虚拟现实等技术（见图2-1）。

2. 实物性

展示是一种以实物展出为基础，以视觉传达为方式的信息交流形式。因此，展品的实物化是真实的体现，具有极大的说服力和吸引力。"百闻不如一见"的俗语十分确切地说明了实物在展示中的作用（见图2-2）。

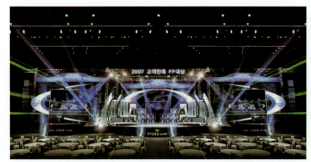

图 2-1 综合了声光技术的舞台美术展示

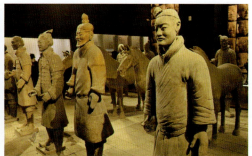

图 2-2 陕西省博物馆内的文物展示

3. 开放性

这种开放性特征主要通过两个方面显现。一是透明度。展示活动中的绝大多数展品都可以任人参观、询问、索取资料（见图2-3）。二是参与度。观众进入展示的特定空间后，可以通过五官体验、亲自动手等方式，获得真切、实在、丰富的印象（见图2-4）。

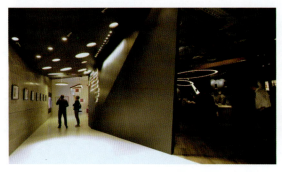

图 2-3 展会中的开放空间

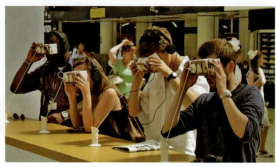

图 2-4 VR展会中的体验空间

4. 展销结合性

展销结合性是指通过展览等方式销售商品。这一点在贸易性展示中尤为明显，现在的一些博物性展示也逐渐具备了这种特征。所以，在世界性博览会上，不少参展国家和企业集团，对其参展项目与方式的择定无不潜藏着这种经济与贸易开发的目的（见图 2-5）。

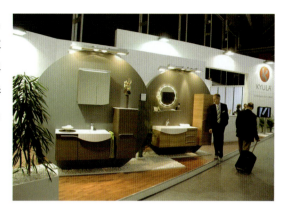

图 2-5　德国某届卫浴展

2.1.2　展示设计

1. 设计内容的综合性

与其他设计类型相比，展示设计的内容具有明显的综合性特征。它具体表现在两个方面。

第一，空间性设计与平面性设计的综合。展示设计不仅涉及空间的造型，而且涉及平面的造型（见图 2-6 和图 2-7）。一方面，设计师在展示设计中面临空间的围合和展具的架构等任务，制图、材料、结构、造型、空间等是展示空间性设计的关键词和中心内容。另一方面，设计师在展示设计中面临版面的设计、传播形象的建立、广告的发布等任务，图形、印刷、视觉传达等也是展示平面性设计的关键词和中心内容。因此，从这个意义上说，展示设计糅合了室内设计、工业产品造型设计和视觉传达设计中的多个设计形式，如空间设计、家具设计、灯光设计、企业形象（CI）一体化设计、广告设计等。

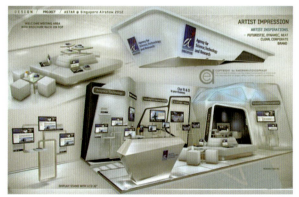

图 2-6　某展位设计草案 1

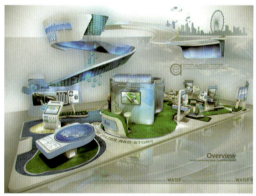

图 2-7　某展位设计草案 2

第二，信息传递与造物活动的综合规划和实现。在上述认识的基础上，我们可以进一步推导出展示设计是信息传递与造物活动的综合规划和实现的结论。其中，信息传递的规划和实现是设计师面临的核心内容和任务，这是由展示的基本概念决定的（见图 2-8）。展示如果离开了信息传递，便成为一种无意义的活动或者属于别的设计形式。另一方面，造物活动是展示设计师面临的最现实的内容和任务，展示的信息传递目标是以造物活动来具体实现的（见图 2-9）。

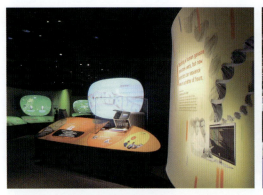
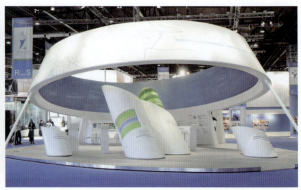

图 2-8　美国史密斯森尼国家自然历史博物馆　　　　图 2-9　展会中信息与道具的完美结合

2. 思维方式的复合性

相对于其他设计类型的设计师来说，展示设计师的基本思维方式是一种复合性思维。这种复合性思维主要表现在两个方面。

第一，图形思维与造型思维方式的复合。图形思维就是平面意义上的点线面及其组合的方式方法。这是展示设计师进行版面设计及展示象征形象设计必须依赖的主要思考方式。造型思维是立体意义上的体与空间架构的整合（见图 2-10）。这是展示设计师进行展台设计、展品陈列等必须依赖的主要思考方式。事实上，不管是版面、象征形象，还是展台和展品陈列，都是平面和立体的综合。也就是说，版面是建立在展台基础上的，展台的造型必须满足版面的要求。而实际应用中的象征形象既有平面的，也有立体的。因此从这个意义上说，展示设计师的思维方式必然是图形思维与造型思维方式的复合。

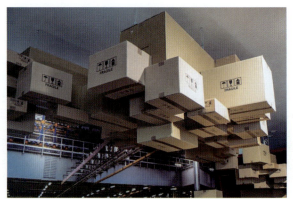

图 2-10　某展位局部设计

第二，逻辑分析思维与形象思维、发散性思维的复合。逻辑分析思维是通过事物特征、本质的剖析而获得概念的一种思维方式。在这一思维过程中，人们需要借助概念、判断和推理才能进行和完成。由于展示是一个由多个子系统组成的系统结合体，所以设计师对展示及其内容的认识都要经历这一过程，有时需要经历多次这样的过程。形象思维和发散性思维是与逻辑分析思维相对的两种思维形式。形象思维是展示设计师进行造型的一种主要思维形式。这是设计师以审美感知为起点，经过联想、想象和幻想，形成审美意象的一种艺术思维形式。而发散性思维是设计师不依赖常规，寻求变异和多种答案的思维形式。这种思维形式要求设计师沿着各种不同的方向思考，重组眼前的信息和记忆系统中的信息，寻求思维的多向性，达到创新的目的。也就是说，作为审美意象的展示形式，如展示空间、展台形象等，都是展示设计师形象推演、合理发挥想象力和创造力的结果（见图 2-11）。

总之，设计师在进行展示设计的过程中，要运用逻辑分析思维，来形成对设计项目的基本认识，而形象思维和发散性思维是进行创造性活动的思维方式和方法。形象思维是展示设计师通过特殊个体显现其一般意蕴的思维工具。因此，形象思维不能脱离具体的形象，不能抛弃事物的现实形态（见图2-12）。而发散性思维是展示设计师传新求异的思维工具。对于一个设计师来说，这三种思维方式都是离不开的。逻辑分析思维与形象思维、发散性思维并不是互相排斥的，而是相辅相成的。

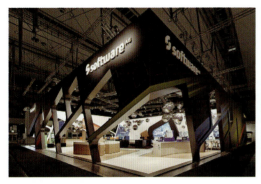
图2-11　Software AG公司展位设计

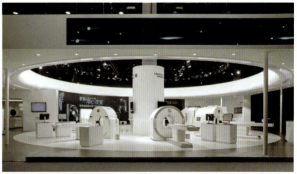
图2-12　第23届中国国际医用仪器设备展览会上联影公司展位

3．团队合作性

相对于其他设计类型的设计师来说，展示设计更强调设计师的团队合作性的工作方式及其精神（见图2-13）。事实上，在一个大型的展示设计活动中，不同类型的设计师及其产生的不同设计内容和形式的碰撞是必然的、经常的。从纵向来说，整个展示设计需要空间方面的设计师、造型方面的设计师、视觉传达设计方面的设计师的共同参与。而从横向来说，整个展示空间是由许多不同的展位构成的。这些展位往往是由不同的参展方和不同的展示设计师完成的。所以，这些展位的面貌必然千姿百态，统一、协调自然成为展示设计中的主题之一。

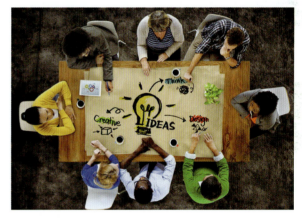
图2-13　每个优秀的展示设计都是团队合作的结果

2.2　分类

随着社会的发展，展示的主题不断丰富，展示的功能日趋多元化，展示的形式也日渐多样化，再加之高科技展示手段的综合运用，展示设计所涉及的范围越发广泛。展示设计已成为一个综合性的边缘学科，其分类方法也有所不同，一般可以分为以下几类。

2.2.1　各类展会

主要包括展览会、展销会、交易会和博览会。此类展览既具有观赏、教育功能，又具有推广、销售时效。在展出内容、时间、规模和形式诸方面，具有极大的灵活性。在艺术设计方面，各类展会都注重创造丰富、活泼和热烈的气氛，追求招贴广告式的强烈印象和宣传效果，形式多变，色彩强烈鲜明。

展会的分类方法可概括为以下几种。

1．按展览动机与机能分

（1）观赏型，包括各类美术作品展、毕业设计展、文物展、珍宝展、民俗风情展等（见图2-14）。

（2）教育型，包括各类成就、历史展、古传展等（见图2-15）。

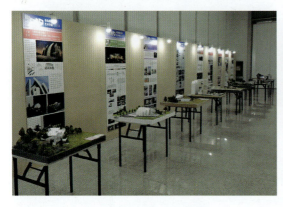

图2-14　某高校教学成果展　　　　　图2-15　纽伦堡纳粹党代会集会场档案中心展厅内部

（3）交易型，包括展销会、交易会、洽谈会、博览会等（见图2-16）。

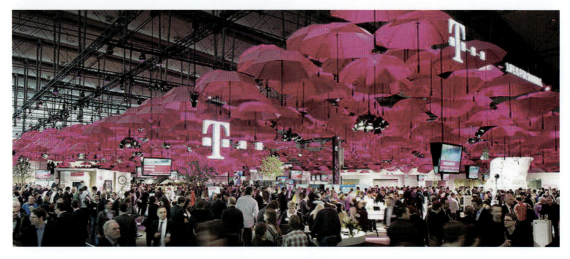

图2-16　2014年汉诺威工业博览会德国电信展区

（4）推广型，包括各类科技、教育、新材料、新工艺、新设计、新产品的成果展（见图2-17）。

2．按展览内容分

综合型展览、专业型展览、展览与会议结合型展览、经贸展览、命题性展览、人文自然展览。

3．按展览手段分

实物展、图片展、综合性展（见图2-18～图2-20）。

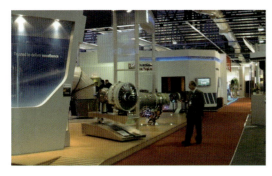
图 2-17　推广型的科技展览

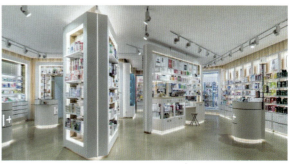
图 2-18　陈列实物的展厅

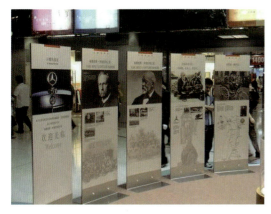
图 2-19　奔驰图片展

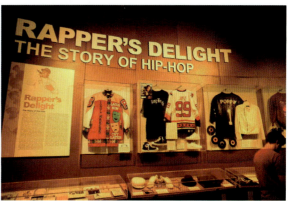
图 2-20　既有实物又有图片的综合展位

4. 按参展者地域划分

地方性展、全国性展、地域性展、国际性展示。

5. 按展览规模分

巨型展览或大型展览，中型展览，小型展览或微型展览，国际级、国家级、省部级、地方级展览。

6. 按展览时间分

固定的长期性陈列、短期的临时性陈列、定期持续展出、不定期展出。

7. 按活动方式方法分

固定展示、流动展示、巡回展示、可以组装的展示等。

2.2.2　商业展览

商业展览是展示设计的一个重要组成部分。商业环境设计是包括各类商场、商店、饭店、宾馆、酒吧、画廊等商业销售空间和服务空间的展示设计工作（见图 2-21～图 2-24）。通过对展示空间进行设计和规划，综合展示道具及照明、色彩的设计达到突出商品、传递商品信息、促进商品销售、实现盈利、取得经济效益的目的。

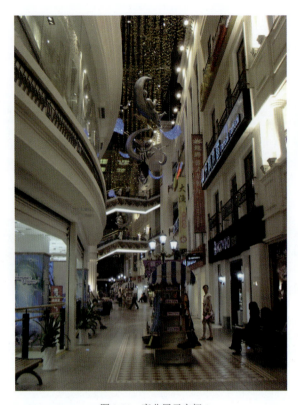

图 2-21　商业展示空间 1

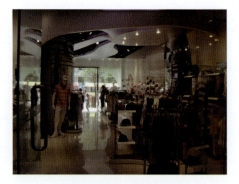

图 2-22　商业展示空间 2

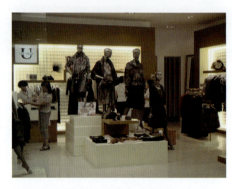

图 2-23　商业展示空间 3

一个好的商业展览设计应该具有良好的环境，给顾客带来舒适感并使之留恋。在室内装修设计中，要选择适宜的材料、工艺和形式，在保持整体风格的同时注重软装饰的协调和统一，才能够营造温馨且为顾客所喜爱的环境。各类商店的主要功能，是展示和销售商品。各种陈列道具的造型、色彩和尺度应与室内空间装修相协调，利于突出商品、便于顾客购买；各界面的色彩处理应利于突出主题；照明设置要有主次，避免眩光，照明的光色、照度、投光角度也应有助于突出商品、利于顾客挑选；广告招贴设计应醒目、协调，有利于展示商品、便于导购；店面橱窗设计既新颖独特、吸引消费者，又能与店面整体展示环境相协调。在安全方面，要考虑防火、防震、防潮和防盗等问题；要将交通标志、方向标牌、安全出口、各楼层的功能分区和平面图设计得突出、醒目；室内空间应有独立的应急照明系统；空间规划及人流动线布置合理，避免人流的大量交叉造成堵塞。

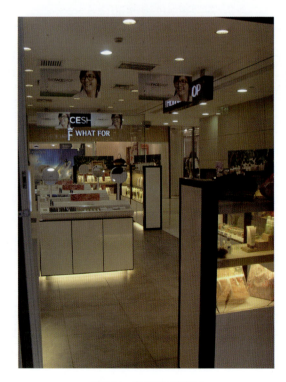

图 2-24　商业展示空间 4

2.2.3 博物展馆

博物馆是科学技术知识普及的场所,是青少年思想教育的阵地,是展示设计的重要组成部分。主要包括科技馆(如中国科学技术馆、国家科技中心)、历史博物馆(如中国国家博物馆、艺术史博物馆)、专业性博物馆(如钱币博物馆、地质博物馆)、名人纪念馆(如鲁迅博物馆、齐白石纪念馆)、自然博物馆、民俗物产博物馆等(见图 2-25~图 2-28)。此类展示陈列有四大职能——信息收集、学术研究、专业讲解、观赏教育。其社会价值主要在于为专业研究和社会教育提供良好的环境和条件。

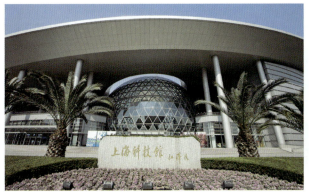

图 2-25　上海科技馆　　　　　　　　　　图 2-26　法国蓬皮杜艺术中心

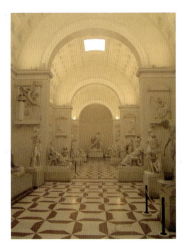 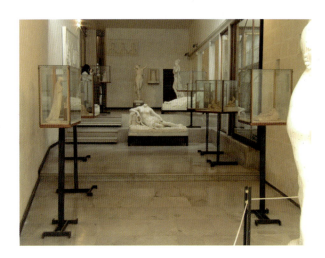

图 2-27　卡诺瓦石膏像博物馆展示空间　　　图 2-28　博物馆展示空间

博物馆展示设计与普通的展览会有很大区别,在技术和艺术方面具有较高的要求。在设计中应该注意陈列密度适当、严谨,逻辑秩序性强,体现展品的真实面貌,布局合理、参观路线便捷、展品连贯性强、采用"流水线"式的陈列方式,避免少看和漏看。在以历史体裁为展示内容的展览中,参展路线应有顺序性和连续性;主题确定,整体色调宜柔和、淡雅,要创造恰当的空间氛围,艺术形式符合时代风格和主题特色,照明要避免眩光。在博物馆展示空间中可以设置休息室及休息座椅供人小憩,也可布置适量的绿化植物,改善小气候,使参观者心情舒畅。由于博物馆中所展示的物品多以珍贵的历史文物和文献为主,所以也要充分考虑到展品的保护和安全问题。

2.2.4 视听展演

视听展演空间设计包括剧场、电影院、歌剧院、报告厅、礼堂、影视舞台、歌舞厅等以表演活动为主的空间环境设计（见图2-29～图2-32）。这些场所的室内装修风格的营造、装修材料与色调的选用、照明光源的选择、道具布景的装饰等，都要符合该演示空间特定的使用功能方面的要求。如音乐厅对观众厅的音色、音质要求更高，以满足观众听觉方面的享受。而歌舞、杂技等则在满足视觉要求方面比较突出。各个演示空间的特点在设计上要有所反映和侧重。通过优秀的设计，人们既能传达和接收信息，又能得到视觉、听觉等感官上的艺术享受。

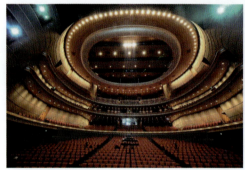

图2-29 国家大剧院歌剧院　　图2-30 国家大剧院音乐厅

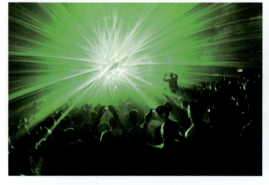
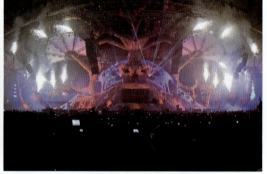

图2-31 某演唱会现场的灯光设计　　图2-32 某演唱会现场的视听效果

2.2.5 旅游展示

旅游环境包括自然风景和人文景观环境，是指历史文化古迹、古建筑、民族风情区、旅游观光点、植物园、动物园、自然保护区等环境的规划设计与布置（见图2-33～图2-36）。此类环境设计要着重环境保护和生态平衡，注意保护好文物古迹和各类观赏品，不破坏自然景观，不破坏原来环境的格调，不能因建设现代文明而毁掉古老文明，要突出民族特色和地方特色。不同的旅游环境具有不同的个性（如风景如画的漓江和雄伟壮观的万里长城），在设计时必须使其具有独特的观赏价值。对于周围的环境，如道路、绿化小品、环境设施、观众止留空间、导游平面图、停车场、售票处、入口处、小商品和纪念品销售部、休息区等进行精心的设计，在保护自然环境的前提下创造一个舒适优美、具有较高艺术性的人文环境，使人们在游览观光的同时得到身心的放松。

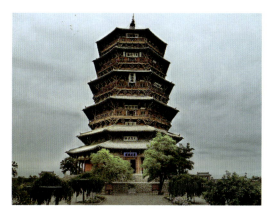

图 2-33　山西应县木塔

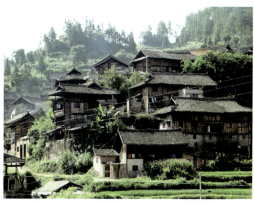

图 2-34　苗族建筑群

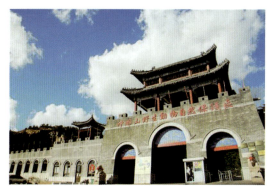

图 2-35　威海神雕山野生动物园入口

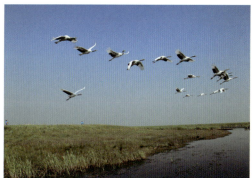

图 2-36　黑龙江扎龙国家级自然保护区

2.2.6　庆典礼仪

庆典礼仪是指各类节日庆典、礼仪活动、纪念活动等的空间环境的规划布置与装饰设计工作（见图 2-37～图 2-40）。如奥运会、残奥会的开闭幕式，传统的节日庆祝活动，结婚、毕业典礼，开业庆典，纪念先哲、革命烈士的祭典活动等。通过对展示环境的美化装饰来营造热烈的环境气氛和情调。比如，节庆活动的平面布局规划，悬挂彩旗标语、装饰霓虹灯、陈设花卉植物、彩车、仪仗队、文艺表演、燃放焰火等，创造浓厚的节庆活动气氛。

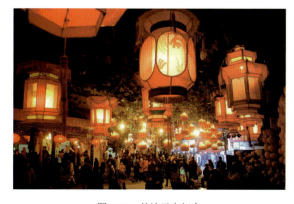

图 2-37　某地元宵灯会

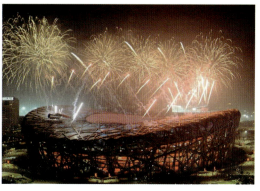

图 2-38　北京奥运会开幕式烟花

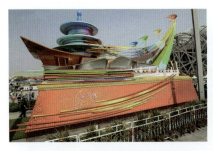
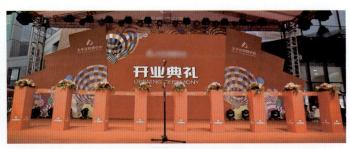

图 2-39　参加国庆的彩车　　　　　　　　图 2-40　某商场开业典礼现场

2.2.7　广而告之

各类广告包括电视广告、报刊广告、路牌广告、平面海报、立体广告、POP 广告、灯箱广告、影视广告、车身广告、人体广告、激光广告和烟雾广告等，它们的表现形式多种多样，有的是平面的，有的是立体的，多数为静止的，也有流动的（见图 2-41～图 2-44）。各类广告经过精心的设计，通过准确生动的文字、简洁的造型、丰富的色彩，给人以视觉美感，从而达到打动观众、有效传递信息的目的。

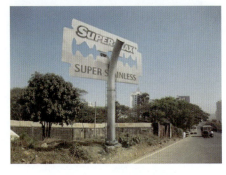

图 2-41　创意路牌广告

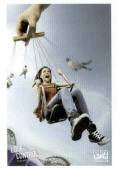 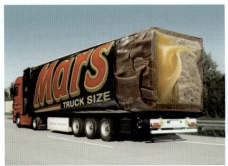 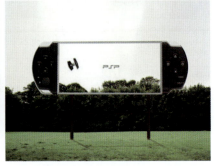

图 2-42　游乐场创意海报　　　图 2-43　充满创意的车身广告　　　图 2-44　创意灯箱广告

2.3　要素

2.3.1　尺度

尺度要素是人体工程学所研究的一个重要方面，也是界定其他设计尺度的标准。在展示空间中，陈列密度、陈列高度、通道宽度、道具尺度等均要从人体的绝对尺寸出发，进行组织和设计。

1．陈列密度

陈列密度是指所陈列的展品和人行通道等要素与展厅总面积空间之间的百分比数。密度过大会形成参观客流的拥挤，使人产生紧张不安的心理，影响展示传达与交流的效果；而密度过小，又会让人感到展厅内部展品空乏。通常根据具体的展示性质、功能、客流量等因素进行综合考虑，一般在30%～60%较为适宜（见图2-45）。

2．陈列高度

展示的陈列高度，通常会受到参观者视角的限制。一般来说，地面以上的80～250cm为最佳陈列视域范围（见图2-46）。我国人体计测尺寸平均视高约为152cm，在这一尺寸上下30cm以内浮动，可视为最佳区域。地面以上不超过80cm的高度可作为大型展品的陈列区域，如机械、服装模特等；地面250cm以上的空间，可作为大型平面展品如壁挂、大型喷绘画面等的陈列区域。

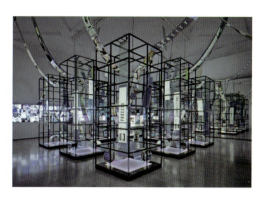

图2-45　某展会中的展架陈列

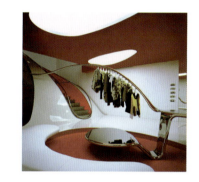

图2-46　英国伦敦Marni旗舰店中的服装陈列

3．通道宽度

展示空间中的通道宽度是以人流宽度作为设计依据的，一般以人的肩宽加上一定的空隙尺寸，大约60cm来计算。展厅中的主要通道应允许8～10人同时通过，才不会造成拥挤，一般为4.8～6.0m，次要通道应以4～6人来计算，一般为2.4～3.6m（见图2-47）。

4．道具尺度

展示道具的尺度受展品、环境、人以及道具自身的结构、材料和工艺等要素的限定，并不是统一不变的。展板的尺度在长度方向上通常为600～2 400mm，宽高比一般为1∶3或1∶2；展台从高度上分为高、矮两类，高展台的高度通常为400～900mm，矮展台高度为100～250mm，要视展品大小而定（见图2-48）；展架有大型和小型之分，大型展架高度为1 600～2 200mm，小型展架高度一般为300～450mm；展柜分为高柜和矮柜两类，高展柜的高度为1 900～2 200mm，矮展柜的高度为1 200～1 450mm，长宽根据具体实际情况而定。

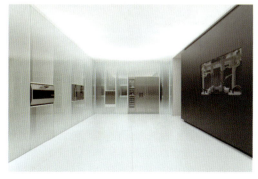

图2-47　2016年意大利米兰国际厨房家具展局部

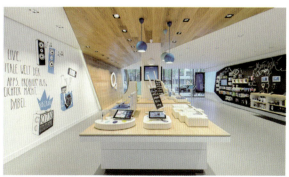

图2-48　展示空间中的展台与展板

2.3.2 视听

视觉和听觉是人类获取信息的重要途径，对于人的视听特征的了解与研究，关系着展示设计能否有效地传达信息、形成交流，决定着展示设计的成败。

1. 展示设计中的视觉要素

（1）视野

视野是指人的头部与眼球处于固定状态时所看到的空间范围，它反映着视网膜的普遍感光机能的状况。以右眼为例，视野的外缘右约100°，左约60°，上约55°，下约65°。不同颜色的视野也不相同，白色视野最大，其次为黄、蓝，绿色最小。色觉视野与被视对象和其背景之间的颜色对比有关，在设计时，要注意不同颜色展品的摆放位置，以引起参观者的注意（见图2-49）。

（2）视角

视角是指被视物体两个端点的光线投入眼球时的相交角度，与观察距离和所视物体两个端点的距离有关。视角是展示设计中确定不同视觉形象尺寸大小与尺度标准的重要依据之一（见图2-50）。

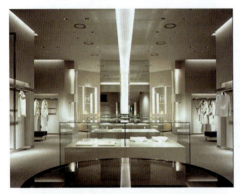

图2-49　对称的设计带来开阔的视觉感受

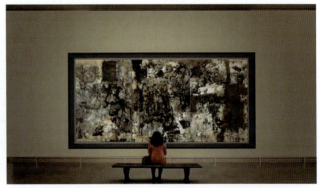

图2-50　展品的尺寸和观察距离决定视角的大小

（3）视敏度

视敏度是指眼睛对某波长的光的敏感程度。一般情况下，人眼对绿色光具有较高的感受性，而对红色光的感受性较差。在进行展示设计时，红色的物体宜放在较明亮处，而绿色的物体则可放置在光线较暗的位置（见图2-51）。

（4）视距

视距是指参观者眼睛与被视物之间的距离。正常的视距标准由竖向与横向视角所决定，一般是展品高度的1.5～2倍为好（见图2-52）。此外，视距与展厅内部的照度值成正比，若亮度较高，视距可加大，反之应缩小。

（5）适应

适应是指人眼在外界条件的持续刺激下，

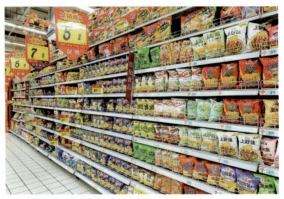

图2-51　绿色的物品很容易引起人的注意

其感受性会发生变化的现象。眼睛受光从亮至暗的适应过程称为暗适应，反之为明适应。人眼的适应特征要求在展示照明设计中，布光应均匀，切忌忽明忽暗，照度跳跃过大会加强参观者的视觉疲劳（见图 2-53）。

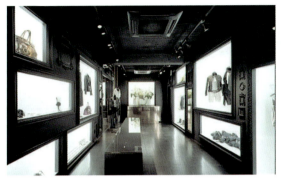

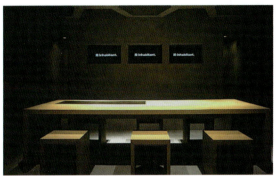

图 2-52　相对狭小的空间更容易保证合理视距　　　　图 2-53　适当的灯光可以缩短暗适应的过程

（6）眩光

人的眼睛遇到过强的光，便不能完全发挥机能，这种现象称为眩光。由外射光源引起的眩光称为直接眩光，由其他物品折射引起的眩光称为间接眩光。眩光可减弱视力，使人产生不舒适的视感。展示设计的采光与陈列应尽量避免眩光的出现（见图 2-54 和图 2-55）。

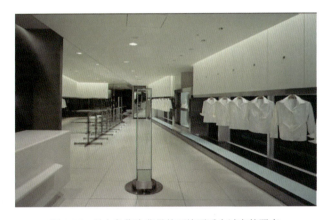

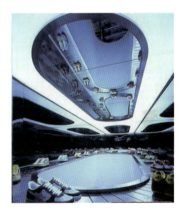

图 2-54　以白色作为背景的环境不适合过高的照度　　　　图 2-55　大面积的镜面带来强烈的现代感

（7）闪烁

闪烁是指眼睛会感觉光的周期性时间变动的现象。人眼对于 1s 内闪熄 60 次以上的闪光是不会感觉到光的变化的，若 1s 内闪熄 20 次，就会感觉出闪光，若 1s 内闪熄 10 次，则会使人感到烦恼。在进行展示设计时，要注意不要选择闪熄次数低的荧光灯。

2．展示设计中的听觉要素

（1）听觉适应

人在正常情况下，可听声的频率范围是 20～20 000Hz，在 25 岁左右，对于 15 000Hz 以上频率的声音的灵敏度开始下降，并随着年龄的增长，频率感受的上限逐年下降。人对环境噪声的适应性很强，但对噪声积累的适应，对健康是不利的。在具体的展示设计中，应尽量降低环境中的噪声，以保证良好的听觉环境。

(2)听觉定位

人耳的一个重要功能是能够判断声源的方向与远近。听觉定位是由双耳的听闻得到的,由声源发出的声波到达双耳时有一定的时间差、强度差和相位差,人据此可判断声源的方位和远近,进行声像定位。这就要求在展场中要合理布置音响的位置,以便参观者能清楚分辨出声源的位置。

(3)时差效应

如果到达人耳的两个声音的时间间隔小于50ms,人耳便无法区别它们,会认为它们是一个声音。所以,在直达声到达后50ms以内到达的反射声,可以加强直达声;而在50ms以后到达的反射声,则不会加强直达声。如果延时较长的反射声的强度比较突出,则会形成回声的感觉。在展示空间中,回声是一种声学缺陷,应加以避免。

(4)掩蔽效应

掩蔽效应就是一个声音的听阈因为另一个声音的存在而上升的现象,它是人耳所特有的一种特征。掩蔽效应说明了噪声的存在会干扰有用声信号的通信,但在展示设计中,可以利用轻柔舒缓的背景音乐,来掩蔽展场内部嘈杂的噪声。

2.3.3 称心如意

所谓称心如意,是展示设计所追求达到的心理感受。展示活动是一种以传达和沟通为主要机能的交流活动,展示过程与人的心理要素息息相关,因此,认识和研究其规律,对提升展示的效果是十分必要的。

1. 感觉与知觉

感觉是人的大脑对作用于不同感官的各种客观事物的属性的反应,它是人脑了解自身状态与认知客观世界的开端,也是最基本的心理过程。知觉是人脑对直接作用于感官的客观事物和主观状态的整体反应。由于二者的关系密切,在心理学上又被统称为感知觉。

在展示环境中,人们的感知觉主要来自于对展示设计本身的反应,包括展示的主题、色彩、空间的组织、道具的设计、展品的陈列等方面的内容,优秀的设计不仅能吸引观众、传达展示信息,还能令参观者耳目一新,心旷神怡(见图2-56和图2-57)。

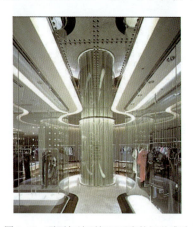

图2-56 顶面与地面相互呼应的视觉感受

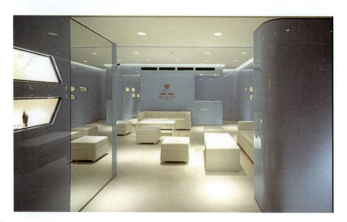

图2-57 经典的蓝白搭配

2. 注意

注意是人的心理认知过程的基本特征,也是提升展示效果的首要因素。注意现象是一种多向互动式的心理过程,正常人的知觉、记忆、思维均可表现出注意的特征。注意的稳定性是其时间延续的特征,与所视物象的特点有关。

在展示环境中,各种图文、物象、色彩、灯光、肌理和音响等因素作用于人的视觉、听觉与触觉,从而引起观者的注意,并由此理解、领会形成的记忆。在具体设计时,可以采用增大物象在视觉和听觉上的刺激强度的方法,来提高展示的效果(见图 2-58～图 2-61)。

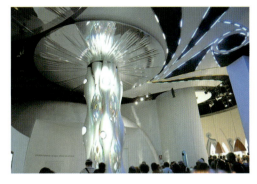

图 2-58　引人注意的造型设计

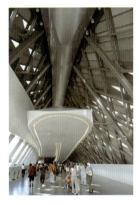

图 2-59　高大的展厅入口给人以震撼的感觉

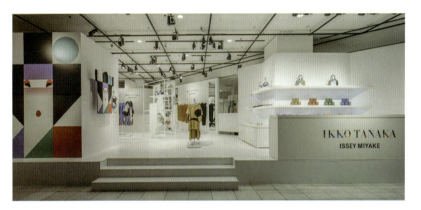

图 2-60　用几乎全是白色的背景来突出展品

3. 情感

情感是人对客观事物所触发的心理体验,是由人的生活经验所诱导的心理思维形式,也是人内心价值取向的反应。成功的展示设计应极富感染力,能够激起人们的情感反应,同时,结合展示空间的各种不同的构成要素,使人产生联想,诱发各种不同的情感效应,进而提高展示传达的时效(见图 2-62)。

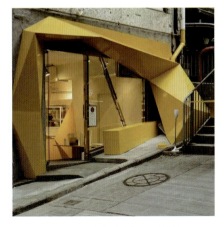

图 2-61　引人注意的门头设计

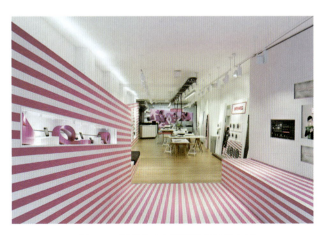

图 2-62　用粉色来打造温馨的展示空间

第 3 章

空间

3.1 规划
3.2 单体
3.3 群化
3.4 实训

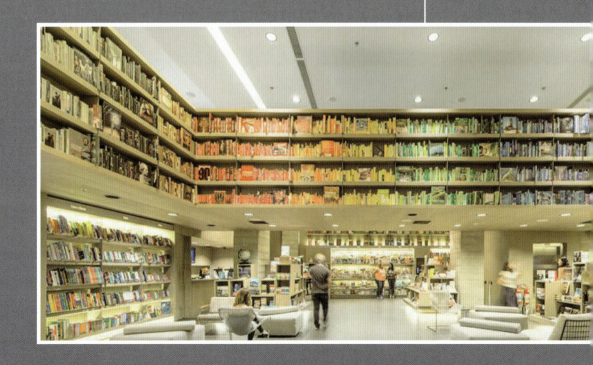

3.1 规划

3.1.1 平面组织

展示空间的平面组织要以总体设计原则为前提，按人的视觉习惯，以及展品本身特点，进行陈列布置，通常有以下几种方法。

1．中心布置

中心布置是指将展品放置在展厅的中央位置，可从展品的四周进行观看的布置方法。采用这种方法，在空间中容易形成视觉焦点，通常用来展示比较珍贵或重点的展品，展出场地一般要求平面呈几何图形，如方形、圆形、三角形等（见图 3-1 ～图 3-4）。

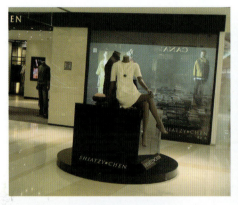

图 3-1　采用中心布置方法的服装展示

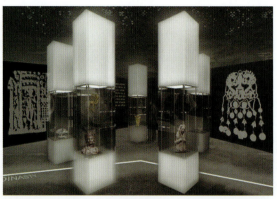

图 3-2　采用中心布置的文物展示

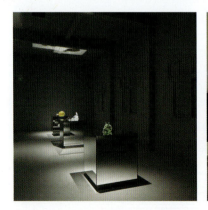

图 3-3　采用中心布置的艺术品展示

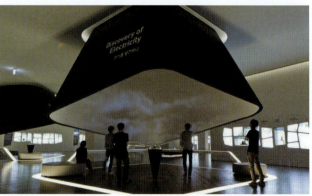

图 3-4　采用中心布置的视觉展示

2．散点布置

散点布置方法可以理解为在一个空间中进行多点中心布置，即由多个可从四周进行观看的展体构成，展体按照一定的排列形式布置在空间之中。由于这种方法破坏了空间的视觉中心，从而形成了一个穿插有致、多点开花的平面空间（见图 3-5～图 3-8）。

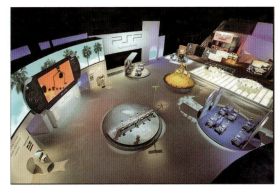 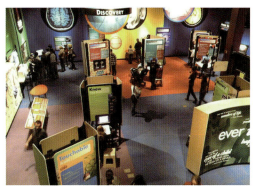

图 3-5　采用散点方法布置的电玩展厅　　　　　图 3-6　采用散点方法布置的科学展厅

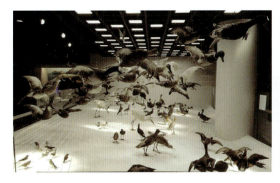 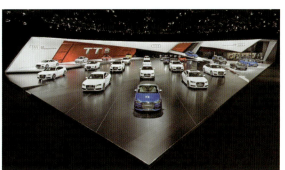

图 3-7　自然博物馆中采用散点方法布置的动物模型　　　图 3-8　采用散点方法布置的汽车展位

3. 线性布置

线性布置就是将展品在空间中按照一定的路线进行排列布置的方法，通常采用贴墙布置的方式，只能从展品的一侧进行观察，适合于较为狭长的展示空间。这种布置方法在实际应用中多有变化，可将展品突出于墙面放置，从三个侧面进行观察；也可在宽敞的空间中设置一定高度的曲线隔断，将展品沿隔断排列布置（见图 3-9～图 3-12）。

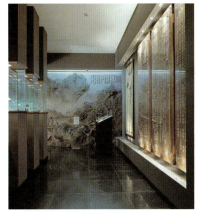 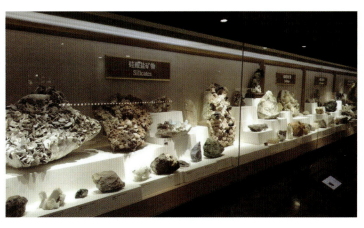

图 3-9　采用线性布置方法的文化展示　　　　　图 3-10　采用线性布置方法的自然展品

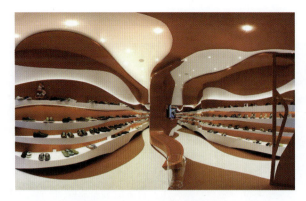
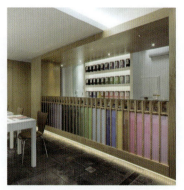

图 3-11　采用线性布置方法的鞋店　　　　图 3-12　采用线性布置方法的茶叶展示

4．网格布置

　　网格布置就是将展具布置成相同的规格大小，并将其按照一定的排列方式有秩序地组合在一起，从而形成一个网状的展示空间。这种布置方式搭建简便快捷，适合于中小规模的商业展示，但形式过于统一、缺少个性（见图 3-13 和图 3-14）。

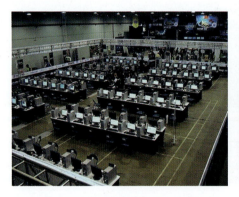
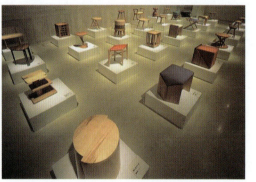

图 3-13　布置成网格的电玩展示空间　　　　图 3-14　布置成网格的家具展台

5．综合布置

　　顾名思义，综合布置就是将上述诸多方法综合运用，采用两种或两种以上的布置方式来规划展示空间。单一的布置方法难免产生单调之感，综合布置可使展示空间布局灵活多变，动感十足（见图 3-15 和图 3-16）。

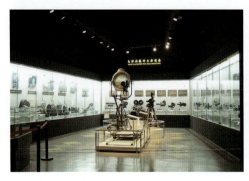
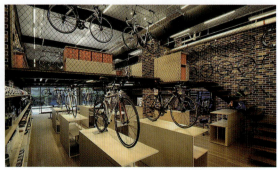

图 3-15　同时运用中心布置和线性布置的展示空间　　　　图 3-16　同时运用线性布置和散点布置的商业空间

3.1.2 动线设计

展示空间的人流动线通常是从人体工程学的角度出发,根据人们的视觉习惯由左向右按顺时针方向设计的,这样划分的空间区域明确,顺序性强,不易产生漏看或重看,同时结合一定的折线或曲线,既可使空间赋予变化,又容易形成视觉中心(见图 3-17 ~ 图 3-19)。但对于一些综合性强、面积大的展示空间,如一些较大规模的国际性博览会或大型商场超市等,其动线的设计就可不考虑顺序性,人们在其中可以根据需要进行自由活动(见图 3-20)。

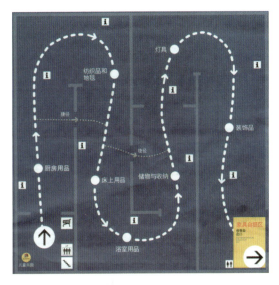

图 3-17　上海宜家一层家居用品动线图

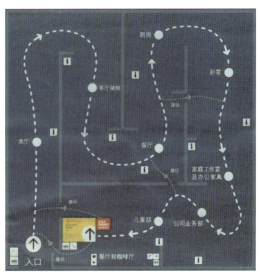

图 3-18　上海宜家一层家具自提区动线图

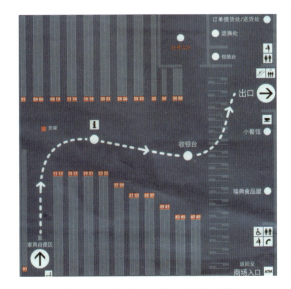

图 3-19　上海宜家二层家具展间动线图

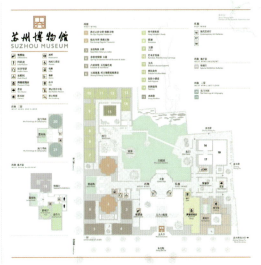

图 3-20　苏州博物馆导览图

如果把展示空间中陈列的展品看成是一个个的点,那么动线就是穿插在这些点之间的线条,可曲可直,可断可连,可以是单独的一根时序线,也可以相互交织成各式各样的网状脉络。

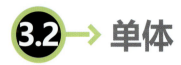

3.2.1 空间分类

展示空间可分为室内空间和室外空间（见图 3-21～图 3-28）。

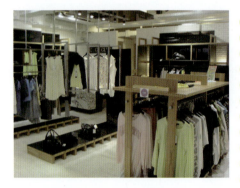

图 3-21　室内的服装展示空间

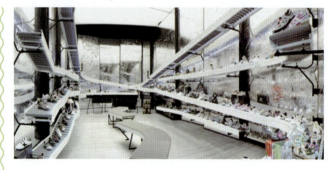

图 3-23　鞋店室内展示空间

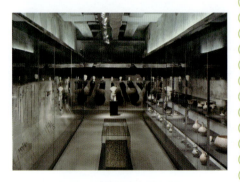

图 3-22　博物馆室内展示空间

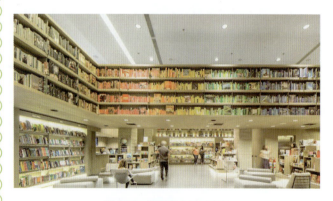

图 3-24　书店室内展示空间

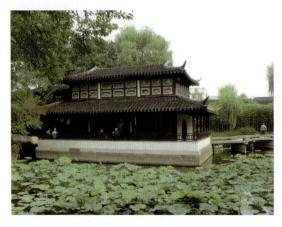

图 3-25　室外旅游展示空间

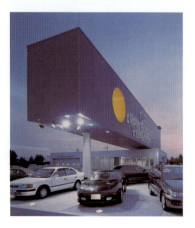

图 3-26　室外汽车展示空间

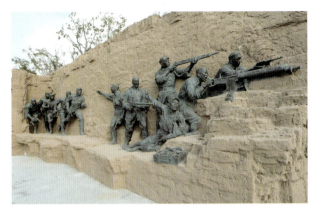
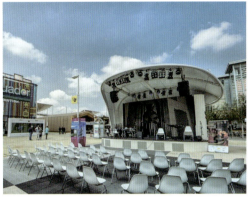

图 3-27　室外的雕塑展示　　　　　　　　　　　图 3-28　室外观演空间

室内空间又包括实体空间与虚拟空间两类。实体空间的特点是各空间之间有确定的界限，空间范围明确，有较强的私密性，如用实墙、隔墙做侧界面的围合空间就属于这一类（见图 3-29～图 3-32）；而虚拟空间的范围没有很明显的隔离形态，也缺乏较强的限定度，是只靠部分形体的启示，依靠联想和"视觉完形性"来划定的空间，所以又称"心理空间"。

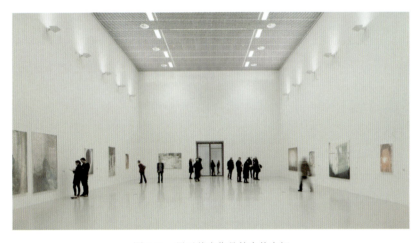

图 3-29　展示美术作品的实体空间

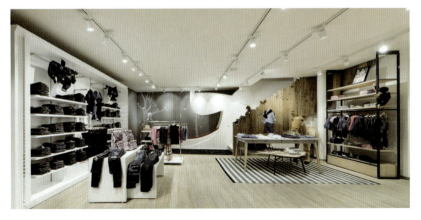

图 3-30　实体的服装展示空间

虚拟空间种类繁多，可以丰富空间层次，使整个环境活泼而有变化，因此，往往能体现出实体空间根本无法体现的气氛和意境。虚拟空间的构成方法多种多样，如可以改变地面标高、顶棚高度，或借助家具与陈设、绿化及隔断来分隔空间，或利用镜面、水体形成倒影和影视效果（见图 3-33～图 3-36）。

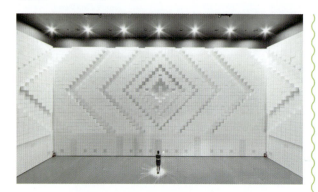

图 3-31　实体的三维界面空间展示

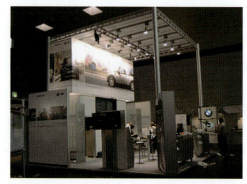

图 3-33　利用地面凸起和架设顶棚来限定的虚拟空间

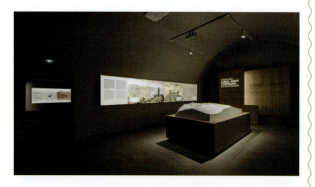

图 3-32　实体的博物馆展厅

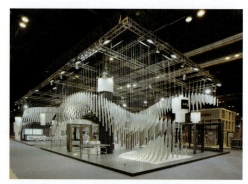

图 3-34　利用地面凸起和顶部悬吊来限定的虚拟空间

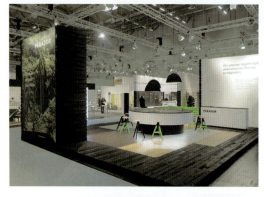

图 3-35　利用地面凸起和颜色变化来限定的虚拟空间

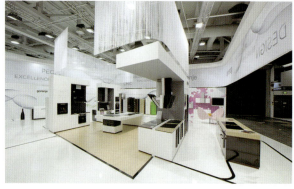

图 3-36　利用地面线条和颜色来限定的虚拟空间

此外，按实体所限定的空间强度分类，还可将室内空间划分为封闭式空间与敞开式空间。封闭式空间是用限定性比较高的围护实体（承重墙、轻体隔墙等）包围起来的，在视觉、听觉、小气候等方面都有很强的隔离性的空间，容易使人精力集中，具有领域感、安全感和私密性，其性格是内向的、拒绝性的，但视野会受到一定的局限（见图 3-37～图 3-40）；敞开式空间的开敞程度取决于有无侧界面，侧界面的围合程度、开洞的大小以及启闭的控制能力，会使人心情舒畅，具有外向性，限定度和私密性较小，强调与周围环境的交流、渗透，讲究对景、借景，与大自然或周围空间的融合（见图 3-41～图 3-44）。

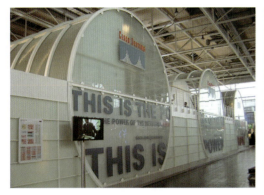

图 3-37　展会中的封闭空间

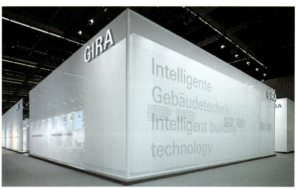

图 3-38　封闭的 GIRA 展

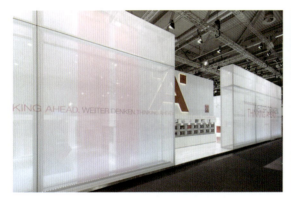

图 3-39　封闭的海福乐展区

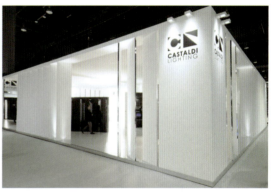

图 3-40　封闭的 Castaldi 展区

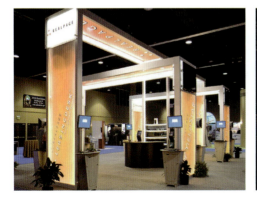

图 3-41　敞开式的展示空间

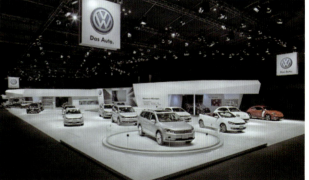

图 3-42　敞开式的汽车展示空间

若从动态因素出发，室内空间又可分为动态空间和静态空间等。动态空间引导人们从动的角度观察周围事物，把人们带到一个由空间和时间相结合的"第四空间"。动态空间的特点是组织引入流动的空间系列，方向性比较明确，空间组织灵活。通常利用对比强烈的图案和有动感的线型、光怪陆离的光影以及生动的背景音乐给人以动态的感觉（见图 3-45～图 3-48）。而静态空间及陈设的比例尺度协调，色调淡雅和谐，光线柔和，装饰简洁，一般来说多为尽端空间，形式比较稳定，常采用对称式和垂直水平界面处理，以达到一种静态的平衡。空间的限定度比较强，趋于封闭型，私密性强（见图 3-49～图 3-52）。

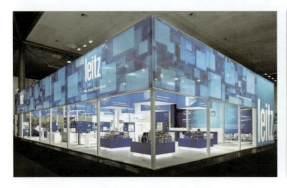

图 3-43　敞开式的 leitz 展区

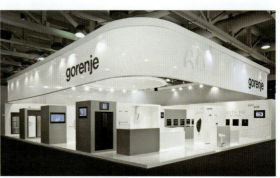

图 3-44　敞开式的 gorenje 展区

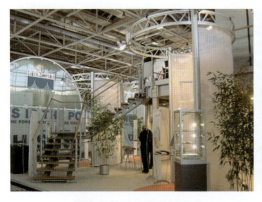

图 3-45　展会中的动态空间

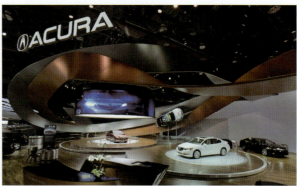

图 3-46　动态的汽车展示空间

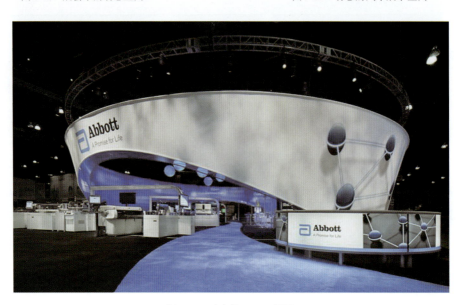

图 3-47　动态的 Abbott 展区

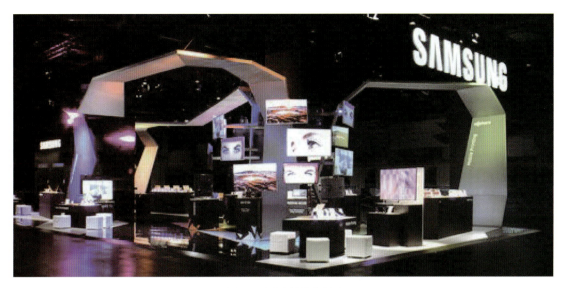

图 3-48　动态的游戏展区

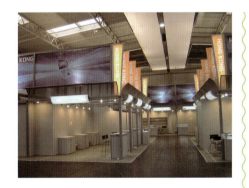

图 3-49　展会中的静态区域

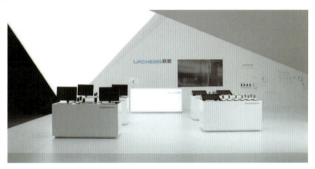

图 3-51　静态的联新展区

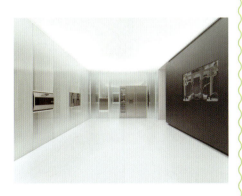

图 3-50　静态的厨房用具展

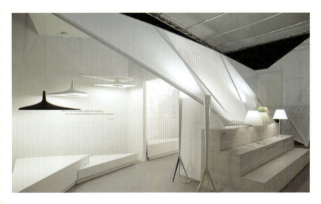

图 3-52　静态的照明展区

3.2.2　限定方法

在展示设计中，单体空间的限定与室内设计基本相同，主要有以下几种方法。

1. 围合

围合所形成的空间是最典型和最容易被理解的空间形式。对围合形成的空间来说，被围起来的内侧空间，是围合的主要目的。在展示设计中用于围合的元素很多，常用的有隔断、隔墙、布帘、家具、绿化等，由于这些限定元素在形式、肌理、色彩、高低、疏密等方面的不同，其所形成的限定度也各有差异，所以围合所形成的空间是多种多样的（见图3-53～图3-56）。

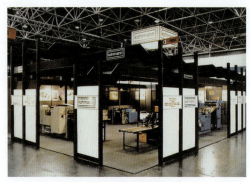

图3-53　用隔断进行围合的展位

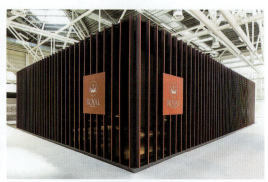

图3-54　用格栅进行围合的展位

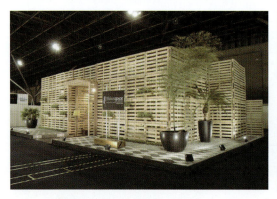

图3-55　用木框进行围合的展区

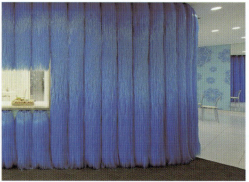

图3-56　用暖帘进行围合的空间

2．覆盖

覆盖形成的空间可以起到遮蔽的作用，如遮烈日、遮强光、避风雨等。作为抽象的模式所表达的覆盖形式应该飘浮在空中，但要做到这点是很困难的，一般都采取在下面支撑或在上面悬吊限定要素来形成空间（见图3-57和图3-58）。

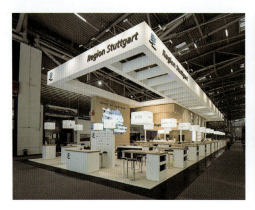

图3-57　悬吊顶棚的覆盖方式

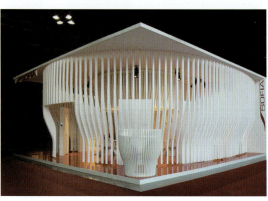

图3-58　支撑顶棚的覆盖方式

3. 凸起

凸起所形成的空间高出周围的地面。由于凸起形成一种小土丘式或阶梯式的空间，故这种空间形式有展示、强调、突出等优越性。它可以限制人们的活动，或者用于不能随便进入的领域（见图3-59和图3-60）。

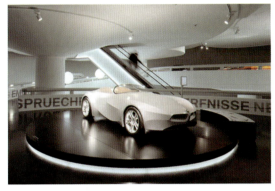

图3-59　车展中凸起的展台设计　　　　　　　　图3-60　凸起的舞台设计

4. 下沉

下沉形成的空间低于周围的空间，是采用一种低洼盆地或倒阶梯形式的限定而形成的。它与"凸起"相比有相似的意图，只是前者为"正"，后者为"负"。这种下沉式空间在外部环境中有时会起到意想不到的效果，如远观能保持环境空间的完整性、连续性，近观则不但具有"限制人们活动"的功能，而且为周围空间提供了一个居高临下的视觉角度，更能发挥展示的功能（见图3-61和图3-62）。

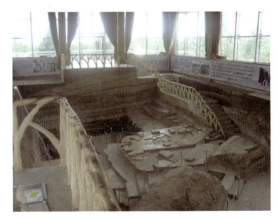
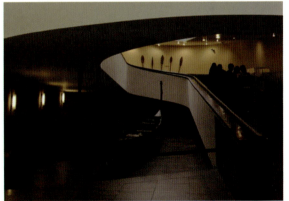

图3-61　展示中的下沉空间　　　　　　　　图3-62　梵蒂冈博物馆中的下沉空间

5. 设置

设置就是把物体独立设置于空间中，在该物体周围形成一个新的空间的形式，由于"中心的限定"，在限定要素的周围形成了一种环形空间，使空间具有向心性。中心的取定物往往是吸引人们视线的焦点（见图3-63和图3-64）。

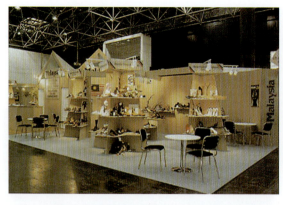 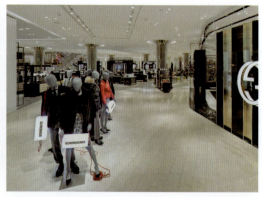

图 3-63　设置桌椅来限定出休息洽谈空间　　　　图 3-64　设置一组模特来限定出一个展示空间

6. 架起

架起形成的空间与凸起形成的空间相似，其不同的地方在于架空形成的空间"解放"了原来的基地，在它的正下方创造了从属的限定空间。在外部空间中，"架空"使空间在垂直方向上产生穿插效果，从而创造了更为活跃的空间形式（见图 3-65 和图 3-66）。

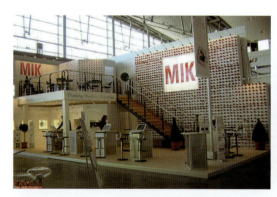 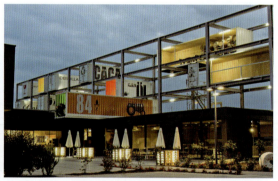

图 3-65　将洽谈休息区架起　　　　　　　　　图 3-66　将集装箱空间架起

3.3 群化

3.3.1 功能空间

展示空间与其他建筑空间一样，都要满足一定的使用功能，从这个方面来看，一个整体的展示空间是由各种不同功能的单体空间组合而成的。这些空间主要包括陈列空间、接待洽谈空间、销售空间、交通空间、休息空间、服务与设施空间等。

1. 陈列空间

陈列空间就是实际的展示空间，是真正展示展品的空间部分。这一空间可以通过展台、展柜、展架、展板等展示道具，陈列各种实体展品；也可以通过各种多媒体技术，展示影音影像等虚拟展品（见图 3-67 和图 3-68）。

2. 接待洽谈空间

在大型的商贸展览会中，一般都需要设置一定的接待洽谈空间，根据展位的大小，可以采用封闭和开敞两种形式。封闭的空间要求环境比较安静，空间的面积较大，空间界面可以加以一定的装饰；而开敞的接待洽谈空间，具有灵活性，适合面积较小的空间，只需摆放几组桌椅即可（见图 3-69 和图 3-70）。

3. 销售空间

在展示空间中，应设置有食品、饮料、明信片、说明书、纪念品、纪念册或宣传册的销售亭，为观众提供方便（见图 3-71 和图 3-72）。

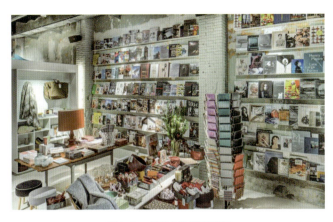

图 3-67　书店中的陈列空间

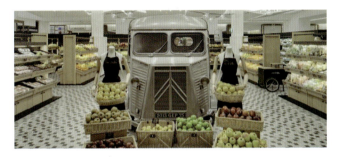

图 3-68　超市中的陈列空间

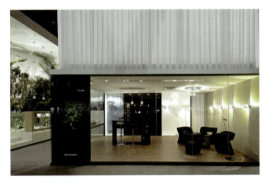

图 3-69　展会中的接待洽谈空间 1

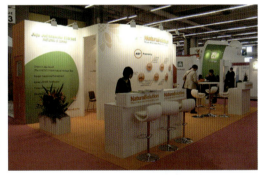

图 3-70　展会中的接待洽谈空间 2

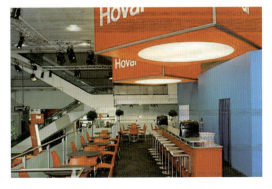

图 3-71　德国某展会提供的食品销售空间

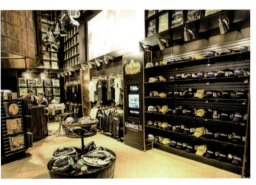

图 3-72　健力士黑啤展览馆中的销售空间

4．交通空间

这里所说的交通空间既包括展厅里供观众行走的通道、楼梯、坡道、电梯等，又包括两个展厅之间起缓冲过渡作用的过厅、走廊、踏步。交通空间不但是连接各展厅、展室的纽带，还是调节观众的思绪与心情，使大脑休息放松的休闲场所（见图3-73和图3-74）。

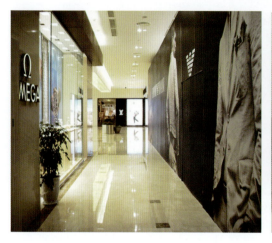

图3-73　商业展示空间中通往大厅的通道　　　　图3-74　上海科技馆中的交通空间

5．休息空间

为减缓观众在参观过程中产生的疲劳，一般在展示空间中要设置观众休息室，或者在适当的位置放置休息座椅。休息空间中可以适当布置一些与展示主题密切相关的图片、文字或多媒体装置，以帮助观众更清楚地了解展示内容（见图3-75和图3-76）。

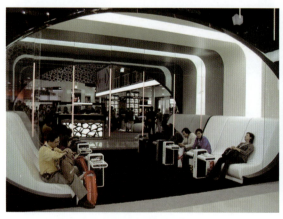
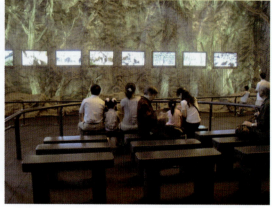

图3-75　房展中的休息空间　　　　图3-76　科技馆中的休息观演空间

6．服务与设施空间

在展示空间中，特别是在门厅入口处，应设有为观众寄存物品的服务台和包含详细展示信息的查询台，这样可以方便观众进行参观（见图3-77和图3-78）。另外，还要为空调、清洁用品、展示道具等设备设施留有一定的空间。

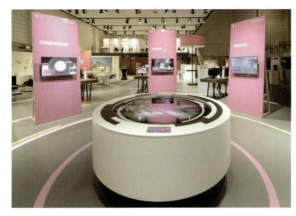
图 3-77　展会中的电子查询台

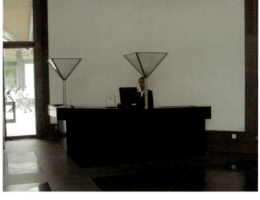
图 3-78　苏州博物馆中的咨询服务台

3.3.2　群化组织

展示空间一般具有人流量较大的特点，其空间的组织应该根据当时、当地的环境，以及建筑功能要求进行整体规划，并结合空间的大小、形状的变化，使展示空间达到整体和局部之间的协调和统一，实现科学性、经济性与艺术性的完美结合。展示空间的群化组织通常有以下几种方法。

1. 空间相包容

空间相包容就是一个空间中包含另几个空间的组织方法。这种方法适合展示同一主题的内容，但是在各空间中要有主从与繁简之分，通常处在内部的空间更能突出展示主题（见图3-79）。

2. 空间相交叠

空间相交叠就是几个展示空间有互为相交、互为重叠的部分。这种方法要求几部分展示空间的内容要有相关的因素，并且互为交集（见图3-80）。

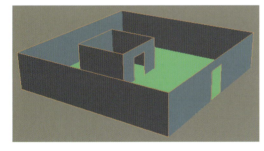
图 3-79　空间相包容　　　　　　　　　　图 3-80　空间相交叠

3. 空间相连续

空间相连续是在各个展示空间之间形成一种自然的过渡形式，将其有序地连接在一起。适合于展示内容并没有明确的关联，但又不宜造成明显的界限展示（见图3-81）。

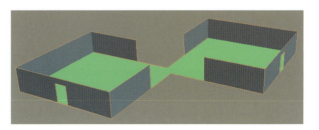
图 3-81　空间相连续

4. 空间相接触

空间相接触就是将几个展示空间紧密连接在一起，虽然彼此相通，但却有明确界限的空间组织方法。这种方法适用于各空间展示主题区别较大或展示内容形成对比的展示（见图3-82）。

5. 空间相分离

当各部分展示空间的内容相对独立时，可采用将空间各自分离的空间组织方法，各空间之间不相通，独立设置。这种方法可起到强化不同主题的作用，适合于较大的展示空间（见图3-83）。

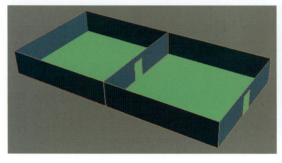

图 3-82　空间相接触　　　　　　　　　图 3-83　空间相分离

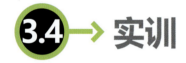

3.4　实训

3.4.1　平面规划设计

1. 设计题目

为某一个面积 $500m^2$ 左右的展示空间进行平面规划设计，要求确定展示的主题以及展品的性质，绘制平面图并标出主要动线。空间的平面形状可自行设计，采用手绘的表现方式。

2. 设计目的

本题目主要锻炼学生对某种特定主题的展示空间的平面组织能力。不同主题的展示空间，对于展品的陈列、家具及陈设设施的布置以及人流动线的规划等都有不同的要求。通过设计，帮助学生合理地规划空间平面，以使其牢固掌握并灵活运用空间组织及动线设计的方法。

3. 作业评析

图 3-84，整个空间平面采用中心布置、线性布置和网格布置相结合的组织方法，通过顺序性的动线，将两个平面对称的、互相分离的空间联系在一起。

图 3-85，针对不规则的平面空间，本作品选择了非顺序性的动线设计，参观者可以根据需要自行选择参观路线，平面组织方面采用了线性布置与中心布置相结合的方法。

图 3-86，整体上采用顺序性的人流动线，结合线性布置、中心布置等组织方法，设计了一个狭长的展示空间，平面布局较为紧凑，空间利用率高。

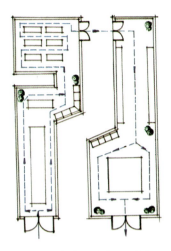
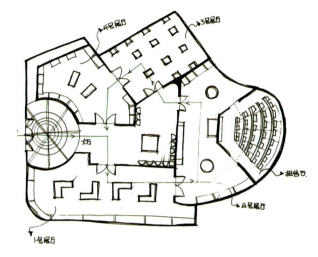

图 3-84　较为对称的展示空间　　　　　　图 3-85　不规则的展示空间

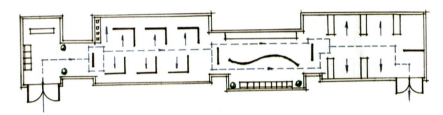

图 3-86　顺序性展示空间

图 3-87，采用中心布置、线性布置等组织方法，结合非顺序性的动线，设计了一个中轴对称的商业展示空间。

图 3-88，利用散点布置、中心布置等组织方法，设计了一个较大的博物展示空间，但多入口的布置方式，使得动线过于灵活，不适合这类题材的展示。

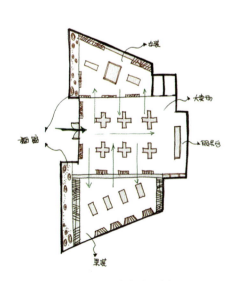
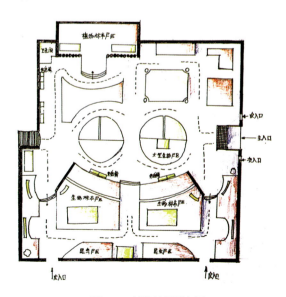

图 3-87　对称式展示空间　　　　　　　　图 3-88　博物馆展示空间

图 3-89，这是一个电玩产品的展示空间，主要采用了散点布置、中心布置、线性布置的组织方法，平面整体布局较为规整，但各动线间的不连贯性，会给参观带来很大麻烦。

图 3-90，主要采用了网格布置、中心布置等组织方法，通过非顺序性的动线设计，形成了一个活泼、动感的综合服装展示空间。

图 3-91，根据空间平面的形状，顺势布置展位，动线设计灵活，结合散点布置、中心布置、线性布置的组织方法，使空间活泼、富有情趣。

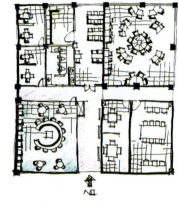

图 3-89 电玩产品展示空间

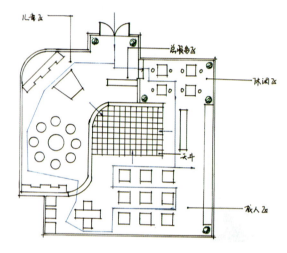

图 3-90 服装展示空间

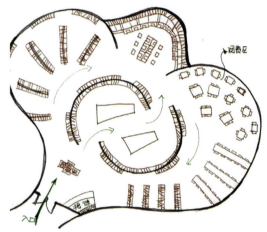

图 3-91 布局灵活的展示空间

3.4.2 单体空间设计

1. 设计题目

利用设置、围合、覆盖、凸起、下沉、架起等限定方法对某一特定的单体展示空间进行设计，空间要能够满足其使用功能，并体现出虚拟、实体、开敞、封闭、静态、动态等类型的空间的各自特点。要求在 20cm×20cm 的范围内制作空间模型，材料自选。

2. 设计目的

本题目着重锻炼学生对于空间限定方法的实际应用能力，使学生深入理解各种空间限定方法的特点，并能够灵活运用于设计之中。同时，本题目还能帮助学生在实际的设计中牢固掌握空间的分类方法。

3. 作业评析

图 3-92～图 3-94，利用阿迪达斯的品牌标志，

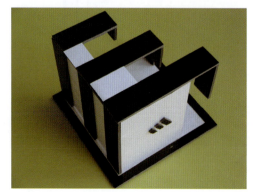

图 3-92 背面鸟瞰图

通过设立、围合、覆盖等手段限定出了一个开敞式的动态空间。

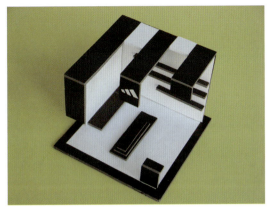 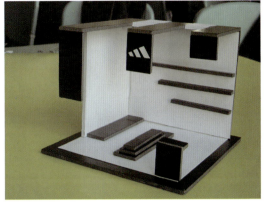

图 3-93　正面鸟瞰图　　　　　　　　　图 3-94　内部空间

图 3-95～图 3-98，利用围合的限定方法，结合大小、虚实不一的正六边形，任意布置在空间的各个界面，创造出了一个相对封闭但又动感十足的单体空间。

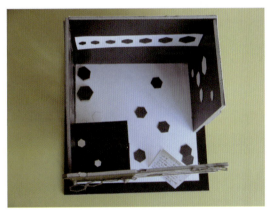 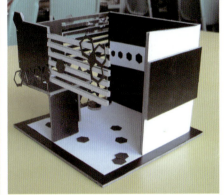

图 3-95　平面图　　　　　　　　　　　图 3-96　入口

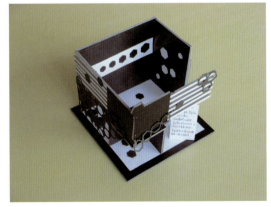 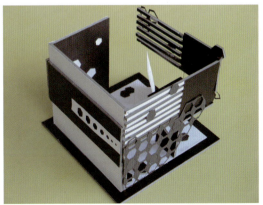

图 3-97　鸟瞰图 1　　　　　　　　　　图 3-98　鸟瞰图 2

图 3-99～图 3-102，运用架起的空间限定方法，解放了原来的地面以布置更多的展台，结合

富有个性的栏杆和陈设，彰显了整个空间的品位，但缺少扶手的栏杆存在安全隐患。

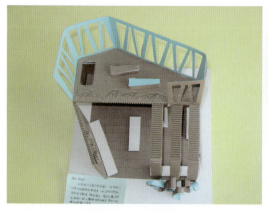

图3-99　鸟瞰图

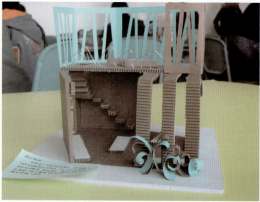

图3-100　正面图

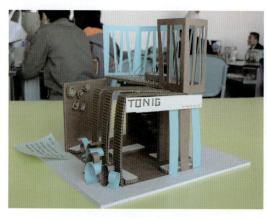

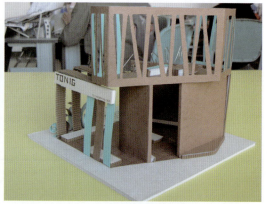

图3-101　侧前方效果图

图3-102　侧后方效果图

图3-103～图3-105，利用覆盖、设置等手段，结合富有特色的立柱造型，使空间动静结合，时尚中更显别致。

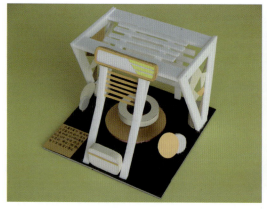

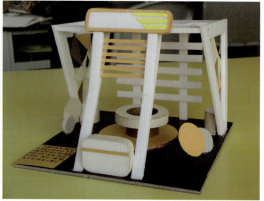

图3-103　鸟瞰图

图3-104　左前方效果图

图3-106～图3-108，利用设立、围合的限定方法，结合大量的曲面造型，设计出了一个简

约大方的动态空间，但各入口的尺度略小。

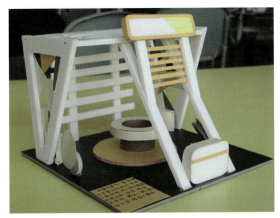

图 3-105　右前方效果图

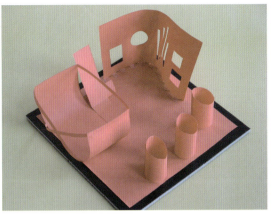

图 3-106　鸟瞰图

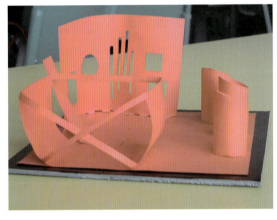

图 3-107　正面图

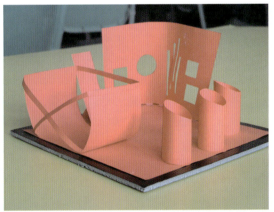

图 3-108　效果图

图 3-109～图 3-112，利用设立、围合的限定手段，结合品牌自身的造型特点，限定出了一个动感十足的空间，颜色使用也简洁大方。

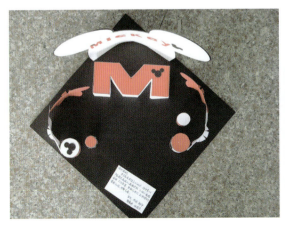

图 3-109　平面图

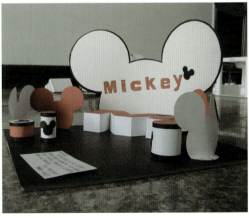

图 3-110　左前方效果图

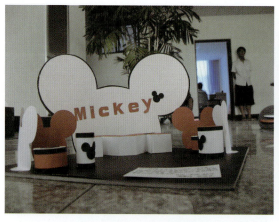 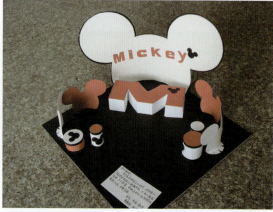

图 3-111　右前方效果图　　　　　　　　　图 3-112　鸟瞰图

图 3-113～图 3-116，采用覆盖、围合的空间限定方法，结合不同大小、颜色的齿轮造型，并附以三角、圆等几何形状，使空间活泼、动感，具有强烈的现代气息。

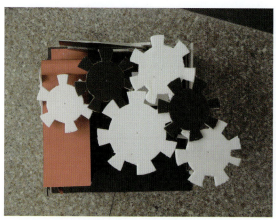 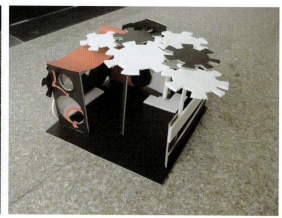

图 3-113　平面图　　　　　　　　　　　　图 3-114　左前方效果图

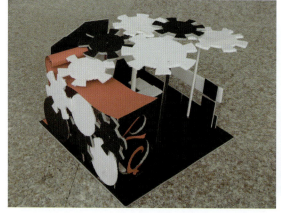 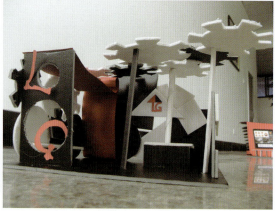

图 3-115　右前方效果图　　　　　　　　　图 3-116　内部空间

图 3-117～图 3-120，以品牌的造型和颜色为设计主体，利用覆盖、围合、设立的限定方法，

使空间醒目、活泼,并满足一定的使用功能。

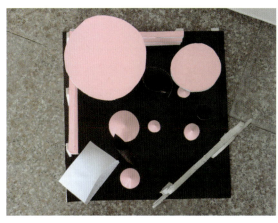

图 3-117 平面图

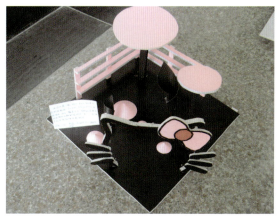

图 3-118 入口鸟瞰图

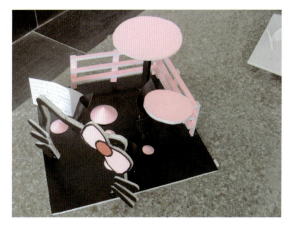

图 3-119 侧面鸟瞰图

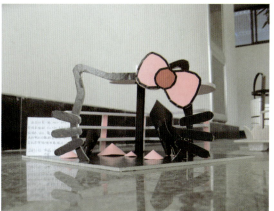

图 3-120 入口正面

3.4.3 空间群化组合设计

1. 设计题目

利用空间相包容、空间相交叠、空间相连续、空间相接触等群化组织方法,设计一个具有确定展示主题的综合性空间。空间要满足其各种使用功能,要求在 30 cm×30 cm 的范围内制作空间模型,材料自选。

2. 设计目的

综合性展示空间的设计更接近实际,远比单体空间具有实用价值,本题目主要锻炼学生对于综合性展示空间的设计能力。在满足空间各项使用功能的前提下,合理安排各功能空间的位置关系。设计一个有确定使用目的的综合性展示空间,也能培养学生全面思考问题的逻辑能力。

3. 作业评析

图 3-121 ~图 3-124,采用空间相连接的组织方式,各组成空间彼此贯通,结合覆盖、设立

等方法，使空间简洁、现代、开敞、明快。

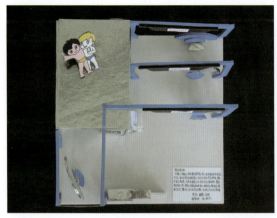

图 3-121　平面图

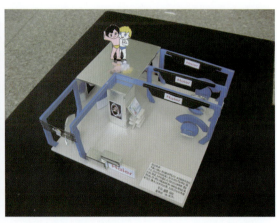

图 3-122　鸟瞰图

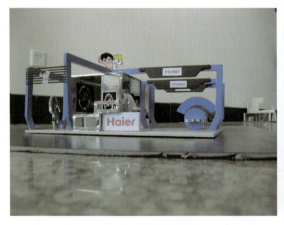

图 3-123　空间内部图

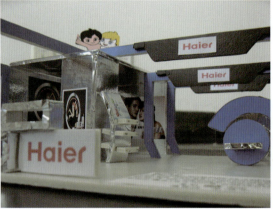

图 3-124　细节图

图 3-125～图 3-128，采用空间相分离的组织方式，将两个主要的展示空间彼此独立设置，完全相同的界面造型，结合不同的展板设计，统一中不乏变化。

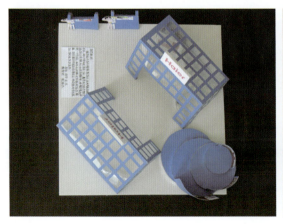

图 3-125　平面图

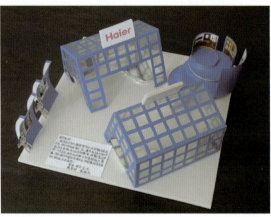

图 3-126　鸟瞰图

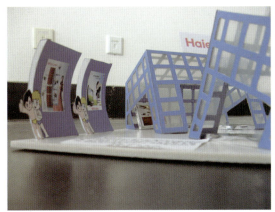
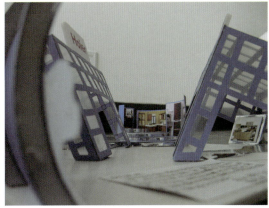

图 3-127　空间内部图　　　　　　　　图 3-128　细节图

图 3-129～图 3-132，三个展区间通过空间相连续的组织方式结合在一起，并采用不同的空间限定方法，创造出了一个活泼动态的空间，但布局上略显拥挤。

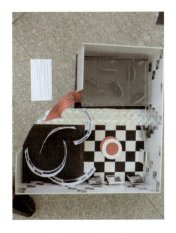
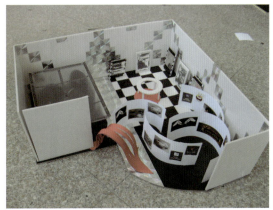

图 3-129　平面图　　　　　　　　图 3-130　鸟瞰图

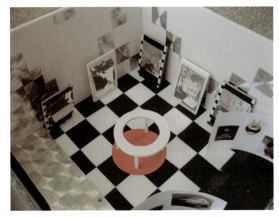
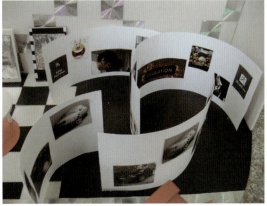

图 3-131　内部空间1　　　　　　　　图 3-132　内部空间2

图 3-133～图 3-135，利用空间相接触的组织方式，使两个主要空间虽然彼此相通，却有明显的界限，同时，整体造型上采用抽象的汽车外形，更符合车展的主题。

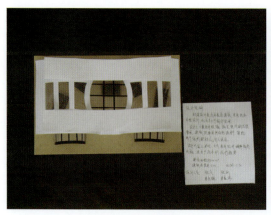
图 3-133　平面图

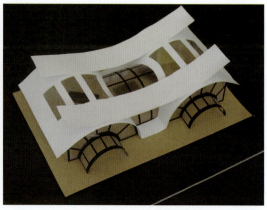
图 3-134　鸟瞰图

图 3-136～图 3-139，同样采用了空间相接触的组织方式，却将各空间高低错落设置，结合"廊"的界面造型设计，使空间富于层次变化，现代感强，有一定的艺术氛围。

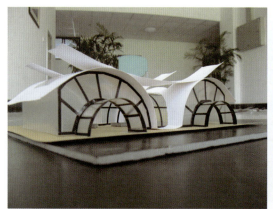
图 3-135　效果图

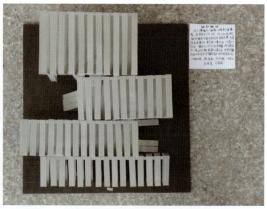
图 3-136　平面图

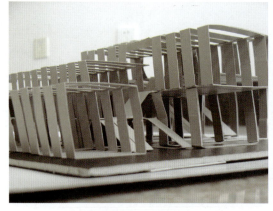
图 3-137　细节图

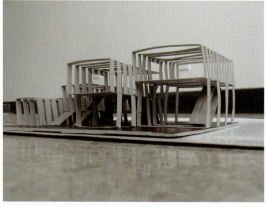
图 3-138　效果图

图 3-140～图 3-142，采用空间相包含的组织方式，在一个大的空间中包含几个小的空间，其中一个小空间具有完全封闭的界面，而其他小空间则采用开敞的形式，这样的设计使空间在通透

的同时,又满足了一定使用功能的私密性。

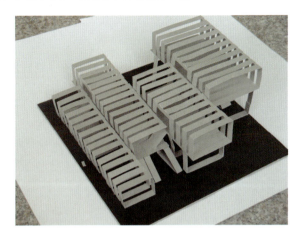

图 3-139　鸟瞰图

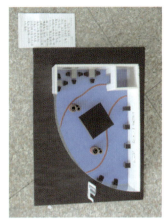

图 3-140　平面图

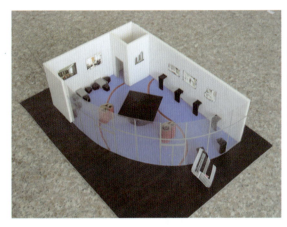

图 3-141　鸟瞰图

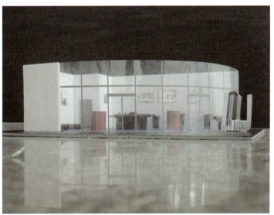

图 3-142　效果图

图 3-143～图 3-146,这个作品实际上采用了空间相交叠的组织方式,将门厅与展厅的空间部分重叠,结合覆盖、围合等空间限定手段以及色彩搭配,使空间现代、时尚,品牌效果明显。

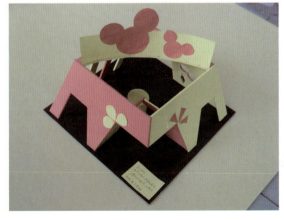

图 3-143　鸟瞰图

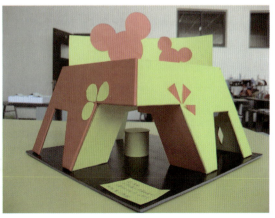

图 3-144　效果图

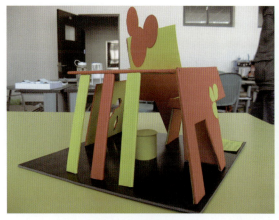
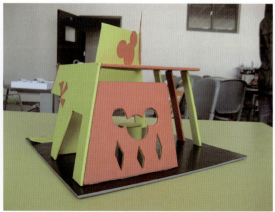

图 3-145　侧面效果图 1　　　　　　　　　图 3-146　侧面效果图 2

图 3-147～图 3-149，采用空间相接触的组织方式，结合覆盖、设立等限定方法，使空间简洁、时尚，具有浓郁的现代感，但接待厅与展厅间的通道过于狭小。

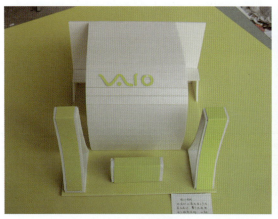
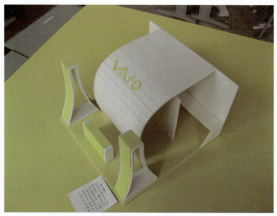

图 3-147　正面效果图　　　　　　　　　　图 3-148　鸟瞰图

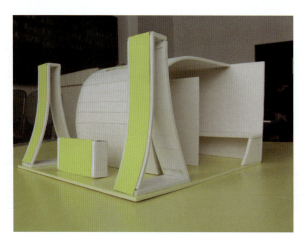

图 3-149　侧面效果图

第 4 章

道具

4.1 概述

4.2 承载

4.3 贮藏

4.4 陈述

4.5 表现

4.6 实训

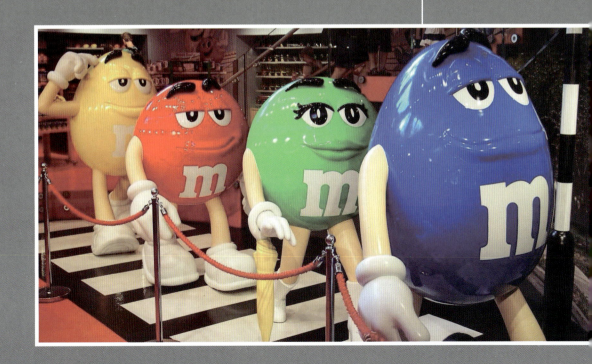

展示道具设计，是展示设计的重要组成部分，主要包括道具功能和艺术表现两个方面。本章将从展示道具的基本概念入手，以功能分类为主线，研究各类展示道具的设计方法。

4.1 概述

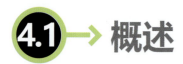

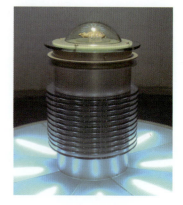

4.1.1 概念

道具，本意是指演员演出时使用的器物，在展示设计中，展示道具就是指在展示活动中使用的器具。它不但要满足陈列展品的目的，更要突出展示效果，引人注目（见图4-1）。

4.1.2 功能

图4-1 展示空间中精致的承载道具

在展示空间中，道具最根本的作用就是借助各种承载的方法，展现和保护展品，同时，结合一定的艺术手段，达到突出主题、渲染气氛的目的。优秀的道具设计，不仅能够合理地陈列产品，还会给人带来耳目一新的感觉，为整个展示空间添加浓郁的艺术气息（见图4-2～图4-4）。

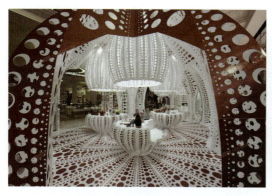

图4-2 吸引眼球的道具设计

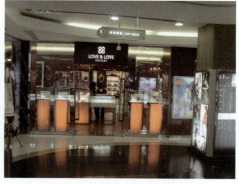

图4-3 既突出主题又渲染气氛的展示道具

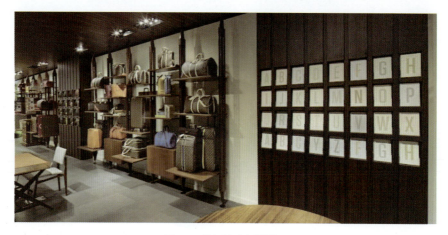

图4-4 箱包展示中的道具

4.1.3 原则

展示道具的造型、结构、质感、规格和尺寸等，都直接影响着展示环境的风格。所以，道具的设计必须和展示空间的尺度、陈列性质、展品特点以及展示空间的色调等因素相协调，其设计要遵循以下原则。

1. 符合人体工程学的要求

在尺度方面，要保证展品在垂直高度上位于观众的正常视野范围之内，在进深尺度上要保证观众能看清展品；在视觉方面，展示道具外表色彩要单纯，以利于突出展品，道具里的灯具装置要避免产生眩光，以便于观众参观（见图4-5）。

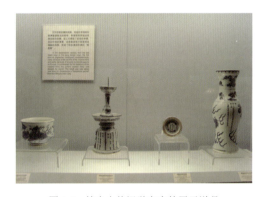

图4-5　符合人体视觉高度的展示道具

2. 规格上要以定型的系列化标准件为主

在进行展示道具设计时，首先应该采用具有多种功能和用途的系列化道具，尽量不用或少用专门设计的特殊规格的道具，以方便布展，节约开支（见图4-6）。

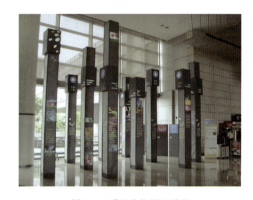

图4-6　系列化的展示道具

3. 结构上要以组合式、拆装式为主

采用拆装、组合方式的展具，可以进行任意的组合、变化，以增加展示的魅力和多变性；同时方便包装、运输和储存，可以节省运输与储存的空间（见图4-7）。

4. 材料要轻质耐用、便于加工

要尽量选用轻质且坚固耐用的材料来制造展示道具，这样既便于运输、布展和维修，减轻劳动强度，又可确保使用中不出事故（见图4-8）。

5. 造型要简洁，色彩要单纯

展示道具的造型要简洁、轻快，色彩尽量简单纯朴，这样可避免"喧宾夺主"，达到突出展品的目的（见图4-9）。

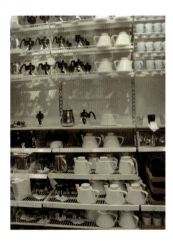

图4-7　可组合拆装的展示道具

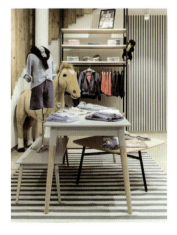

图4-8　轻质的展示道具

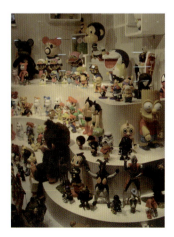

图4-9　造型简洁、色彩单纯的展示道具

4.1.4 分类

一般来说，展示道具有多种分类方法，按结构形式分，展示道具可分为整体固定式与拆装式两大类（见图4-10和图4-11）；按使用价值可分为临时性的展示道具与永久性的展示道具（见图4-12和图4-13）；按功能可分为承载道具、贮藏道具、陈述道具和表现道具。这里仅从功能的角度进行分析。

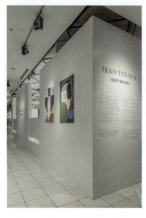

图4-10　整体固定式的展示道具

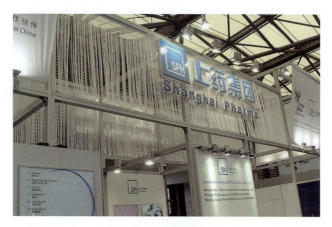

图4-11　可拆装的展示道具

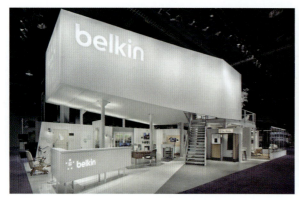

图4-12　展会中临时搭建的展示道具

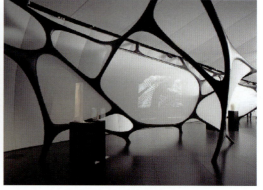

图4-13　展馆中永久性的道具

4.2 承载

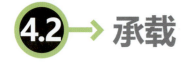

承载道具就是在空间中支撑、摆放、悬挂展品的道具，其基本构架概括起来有三种形式，即展台、展板、展架。在具体的应用中，承载道具可以根据展示对象的不同，选用不同材质和色彩，设计出丰富的造型和样式。

1. 展台

展台是陈列实物展品的最基本的展示道具，包括平台、坡台、错落台等几种形式，其作用是使展品与地面相隔离,衬托并保护展品。展台造型的可塑性很大,可根据实际展品的需要,在形状、大小、高低、色彩、动静等方面进行设计(见图4-14~图4-17)。

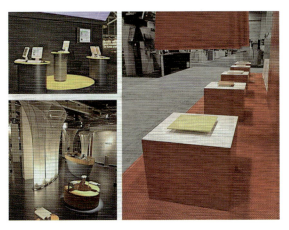

图4-14 展示空间中的各种展台

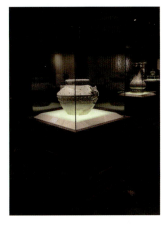

图4-15 博物馆中的展台

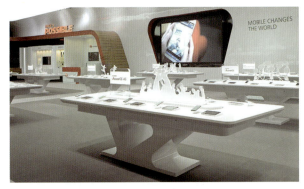

图4-16 2014年"世界移动通信大会"上的华为展台

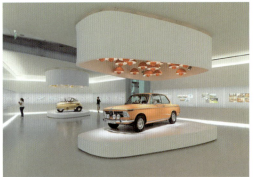

图4-17 慕尼黑宝马博物馆内的展台

2. 展板

展板是平面的展示道具,主要用来承载图文信息,可与墙界面相互转换,起到分隔空间、塑造空间的作用。除了采用水平方式布置外,展板还可以采用倾斜或垂直的布置方式,结合尺度、形状和材质的变化,展板在实际设计中显得更加多样化(见图4-18~图4-21)。

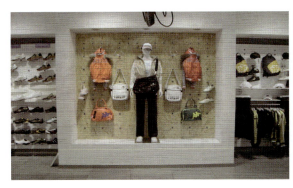

图4-18 商业展示空间中的展板

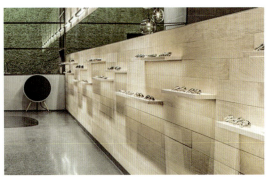

图4-19 眼镜店中的展板

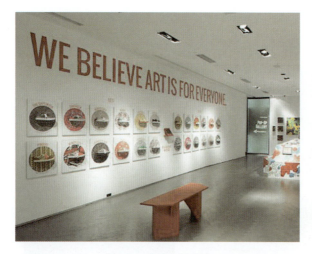

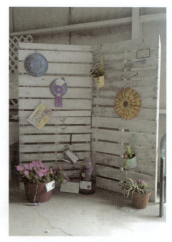

图 4-20 鞋店中的展板　　　　　　　　图 4-21 简单自然的展板

3. 展架

展架通常是用于支撑和固定展台、展板的骨架，但同时也可作为一种独立的展示道具悬挂展品，还可以作为单独展位的隔断或顶棚限定空间。展架在实际的应用中结构多变，形式多样（见图 4-22～图 4-26）。

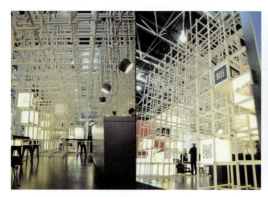

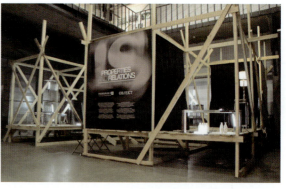

图 4-22 展会中的展架设计　　　　　　图 4-23 展会中展架与织布的组合

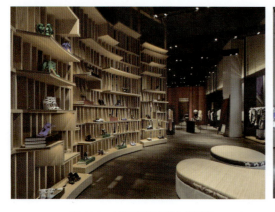

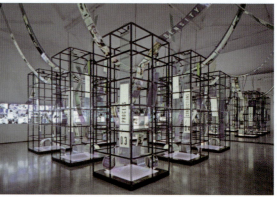

图 4-24 展架在服装店中的运用　　　　图 4-25 展馆中展架与展品的巧妙结合

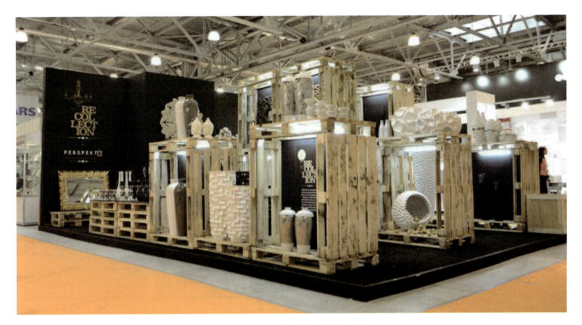

图 4-26　展架在陶瓷展中的运用

4.3 贮藏

贮藏道具即指展示环境中的各种柜类。展柜在展示空间中是保护和突出展品的重要器具，多结合玻璃等透明材料，用于博物馆和商业空间的展品陈列，根据不同的用途，展柜可分为矮柜、立柜和壁柜。

1. 矮柜

矮柜在高度方向上尺度较小，一般置于参观者的视平线以下，这样便于俯视展品，对于一些体型较小的展品，如珠宝、首饰、图书、手表等，尤为适用（见图4-27～图4-29）。

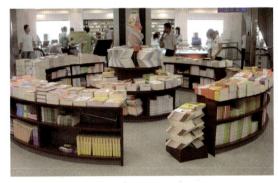

图 4-27　图书展示中的矮柜

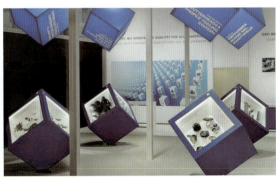

图 4-28　富于创意的矮柜设计

2. 立柜

立柜在空间中通常独立设置，参观者可从柜体的各个侧面环视展品，有利于从立体的角度观察展品，立柜的空间尺度一般较大，适用于体型偏大的展品（见图4-30～图4-32）。

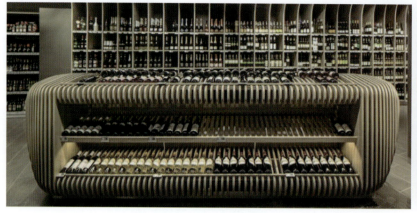

图4-29 超市中的矮柜设计

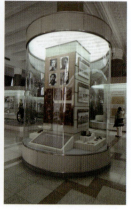

图4-30 历史博物馆中的立柜

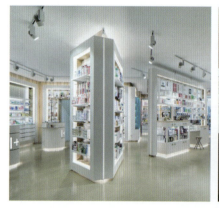

图4-31 药店中的立柜

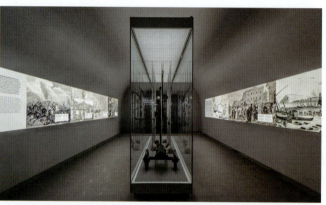

图4-32 蒙特惠奇（Montjuïc）城堡历史展厅中的立柜

3. 壁柜

展示空间中的壁柜是指嵌入墙体或靠墙而立的展柜，参观者只能从一面或三面进行观察，适合于陈列一些外型上以平面为主的展品，如服装、字画等（见图4-33～图4-36）。

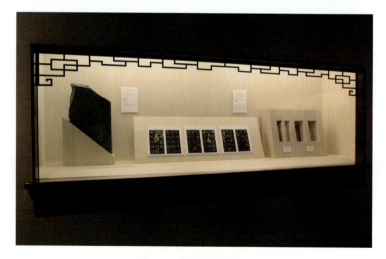

图4-33 博物馆中的壁柜

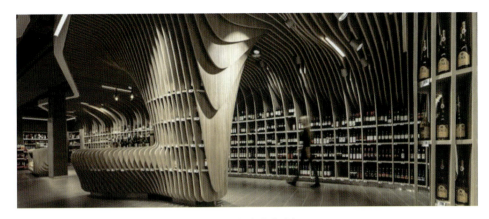

图 4-34　超市中的壁柜

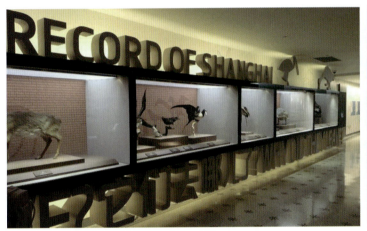

图 4-35　自然科学博物馆中的壁柜

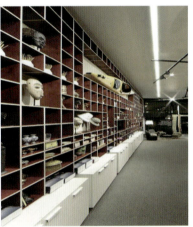

图 4-36　专卖店中的壁柜

4.4 陈述

陈述道具是用来对展品的情况进行客观叙述和深入说明的，是传达展示内容的重要途径，也是实物展示的一种补充方式。通常采用图文说明和模型的方式来表现实物不易表达的信息。

1. 图文说明

图文说明就是以文字或图表的形式对所表述的主题进行细致的解说，可有效提高展示信息传达的质量。在展示设计中，可以根据不同的展示内容选择不同的图文表达方式，如文字版面、立体图表、电子触摸屏、参观线路图等，同时应用几种不同的表达方式可使内容的表达更加准确、生动、形象（见图 4-37～图 4-39）。

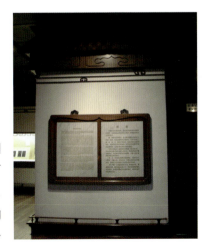

图 4-37　中英文对照的陈述道具

2. 模型

通过模型来陈述主题是展示道具设计中的一种非常重要的形式。模型具有逼真、直观的特点，参观者通过对模型进行观察，可以直接了解到展品的一些内部信息，如剖去外壳的汽车模型，可使人们对汽车的内部构件一目了然。在现代的展示空间中，模型的应用较为广泛，无论是稀有珍贵的文物展示，还是纷繁复杂的商业展示，都可以看到各式各样模型的应用（见图4-40～图4-42）。

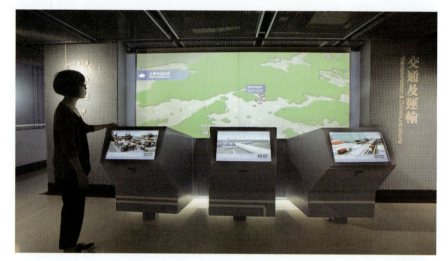

图4-38　南京大屠杀纪念馆的参观路线图

图4-39　香港城市规划展览馆中的电子触摸屏

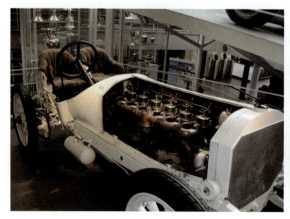

图4-40　剖去部分外壳的汽车模型

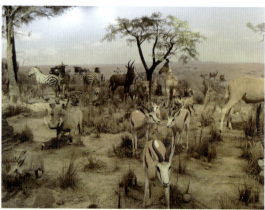

图4-41　上海科技馆中的模型展示

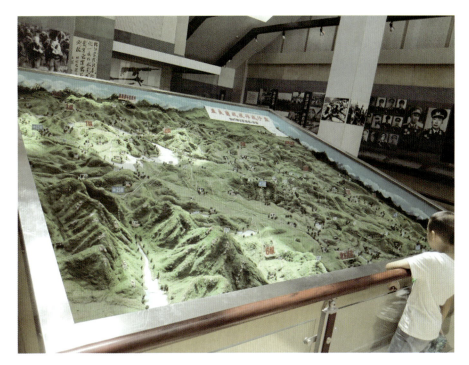

图 4-42　孟良崮战役纪念馆中的沙盘模型

4.5 表现

表现道具是指能够烘托主题的艺术性道具,其作用在于强化展品的外在形象或揭示展品的内在含义。表现道具一方面要具有艺术的表现性,衬托主题;同时又要满足道具的基本功能,能够放置展品。通常采用比喻、夸张、象征、解构和拟人等艺术手法来进行表现道具的设计,在实际应用中要避免由于过于抢眼,而影响展品的突出和主题的表现(见图 4-43～图 4-46)。

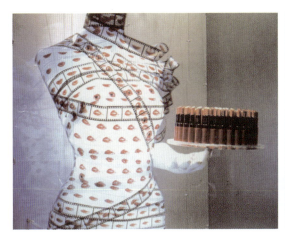

图 4-43　唇彩的表现道具

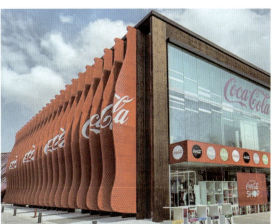

图 4-44　可口可乐的表现道具

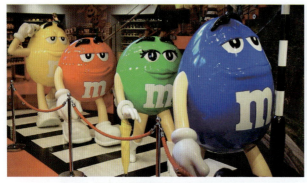
图 4-45　糖果店中的表现道具

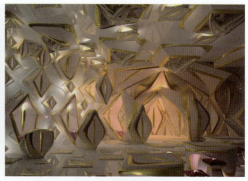
图 4-46　色彩绚丽的空间表现道具

4.6 实训

1. 设计题目

针对多个特定的主题进行道具设计。展示道具要求能够准确地突出主题，具有一定的艺术表现力，同时要求能够满足一定的承载功能。采用手绘或计算机辅助设计的表现方式。

2. 设计目的

本题目主要锻炼学生对于各类展示道具的设计能力。虽然按照使用功能，可将展示道具分为承载道具、贮藏道具、陈述道具和表现道具等四类，但在实际应用中每个类型的道具并不是孤立出现的，往往某一个道具兼有几种使用功能，本题目可启发学生设计既具有一定实用价值，又拥有一定艺术表现力的道具。

3. 作业评析

图 4-47，虽然展板的造型很简单，但是可以随意组合，适合图书类展品。

图 4-48，很时尚的展架，可以折叠，便于运输。

图 4-49，很漂亮的树叶造型，是展板与展架的结合，可用于图书类展品的展示。

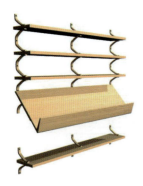
图 4-47　组合式展板

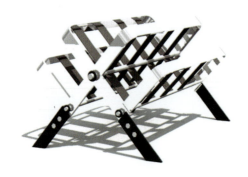
图 4-48　折叠展架

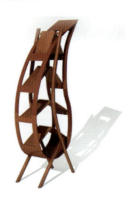
图 4-49　叶状展板

图4-50，类似转盘的展架，可承载各种挂类展品。

图4-51，众多圆圈的随意组合，看似凌乱，却彰显个性，并不是每个圆圈都可以成为展架。

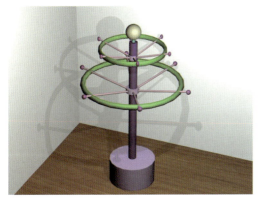 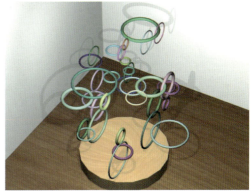

图 4-50　转盘展架　　　　　　　　　图 4-51　圆圈展架

图4-52，简单拉伸的弹簧，作为服装展架，简约中不乏大气。

图4-53，将圆柱形的展柜进行组合连接，有联体也有单体，设计时尚新颖。

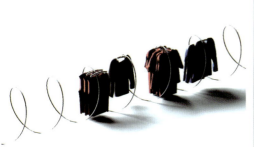 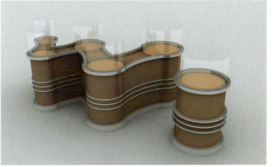

图 4-52　弹簧展架　　　　　　　　　图 4-53　圆柱展柜

图4-54，这款魔方展柜，颜色鲜艳醒目，适合陈列儿童展品。

图4-55，泡泡形式的壁柜，构思新颖，富有趣味，但要考虑使用时的方便性。

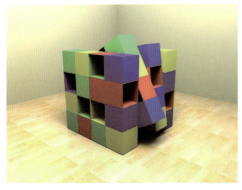 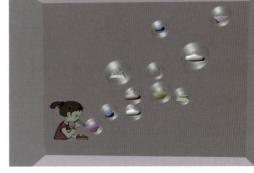

图 4-54　魔方展柜　　　　　　　　　图 4-55　气泡壁柜

图4-56，将弹簧作为鞋架，形象地表现了鞋的弹力。

图 4-57，由高跟鞋转化成的鞋架，形象生动，但对空间造成了一定的浪费。

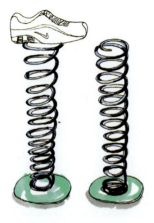

图 4-56 弹簧展架

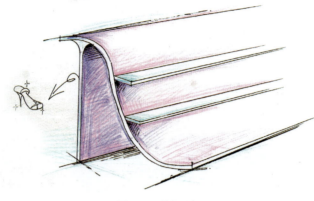

图 4-57 鞋状展架

图 4-58，道具的表情充分表现了其中展品的特点。

图 4-59，高低错落的展柜，配以对比性强的颜色，形式感强，但不利于观察低展台中的展品。

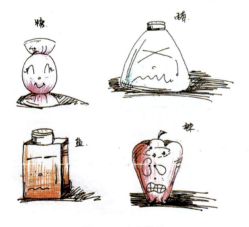

图 4-58 表情道具

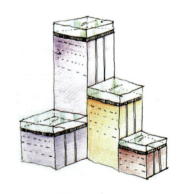

图 4-59 方形展台

图 4-60、图 4-61，具有优美曲线的金属展架，现代时尚，适合服装类的展品。

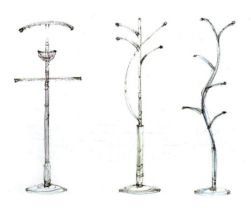

图 4-60 金属展架 1

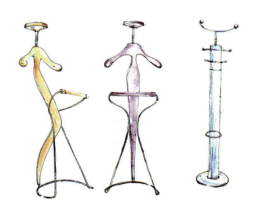

图 4-61 金属展架 2

图 4-62，简单又独具特点的陈述道具，可在其上展示各种图文说明。
图 4-63，将鞋子内部结构裸露在外面，让观者一目了然。
图 4-64，用眼镜蛇来展示眼镜，构思巧妙，但要考虑道具的稳定性和空间的利用率。

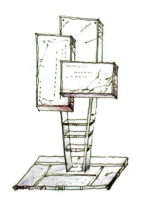
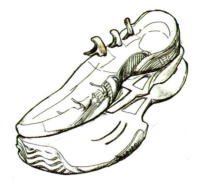
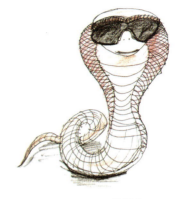

图 4-62　陈述道具　　　　　图 4-63　鞋子模型　　　　　图 4-64　眼镜道具

图 4-65，时尚现代的承载道具，充分考虑了展品的特点。
图 4-66，应用于台球卖场的表现道具，形象逼真，表现力强。

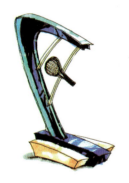
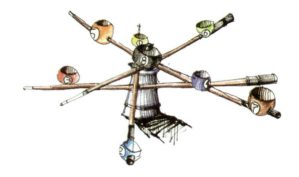

图 4-65　动感道具　　　　　图 4-66　台球表现道具

图 4-67，将阿拉丁神灯作为灯具的表现道具，必能吸引人的视线。
图 4-68，由足球形状变化来的展台，与其展品的用途特点相一致。

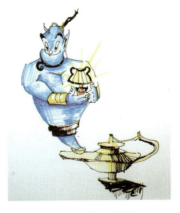
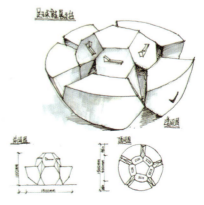

图 4-67　灯具表现道具　　　　　图 4-68　足球展台

图 4-69，用花朵的形态作为香水的展台，是较为理想的表现道具。

图 4-70，橘瓣造型的展台很适合展示水果，但上大下小的设计可能会影响使用。

图 4-71，用叶子的造型作为表现道具要注意尺度问题及挂取伞具的方便性。

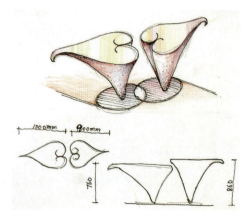 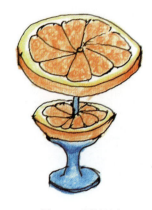 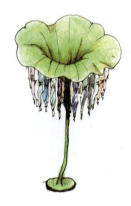

图 4-69　花朵展台　　　　　　图 4-70　橘瓣展台　　　　图 4-71　荷叶表现道具

图 4-72，将手表的造型设计成陈述道具，使人对陈述的主题一目了然，但要考虑应用时的垂直位置，高度过低则不方便观看。

图 4-73，这款关于珠宝的陈述道具，与其叙述主题一样细巧精致，具有较强的表现力。

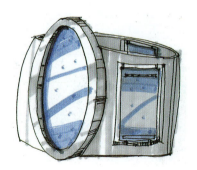 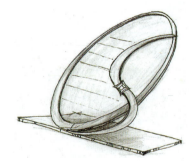

图 4-72　手表道具　　　　　　图 4-73　珠宝道具

第 5 章

视觉

5.1 形式

5.2 色彩

5.3 版式

5.4 材质

5.5 实训

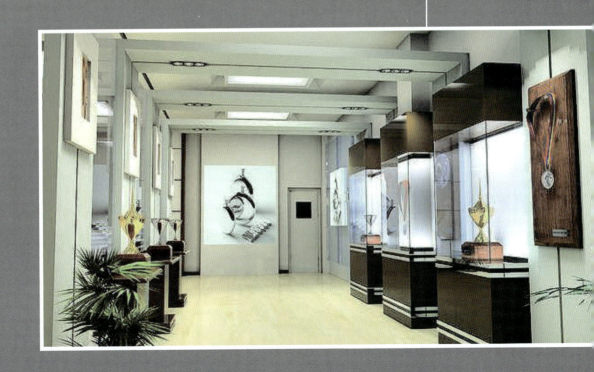

5.1 形式

展示设计总是以在有限的时空中最有效地传递信息为目的，这就要求在进行设计时既要充分考虑展示环境本身的特点，又要对展示对象的陈列形式进行合理设计。与当代其他设计一样，展示设计在平面构成、立体构成和色彩构成原理的基础上，通过对展示空间中的视觉心理和艺术心理进行研究，形成了相对完整的设计原理和法则。

5.1.1 点、线、面、体

1. 点的应用

点是形态构成中最基本的要素，它是相对比较小而且集中的形态。点可以有大小、形状和面积。在展示空间中某个元素是否被看成点，并不取决于它自身的形状和大小，而是看相对于它所处的空间来说是否足以形成点的存在。

（1）单点

单点在空间中较为明显突出，容易形成视线的焦点，引人注意。单点具有收缩效应，当点处于空间中心时，会给人稳定、静止的感觉，而当点从中心偏移时，它所处的范围就会变得富有动感（见图5-1）。

（2）双点

两个大小相同的点通常会给人以线的联想，这是由于点与点之间的空间张力产生的。如果两个点的大小不一样，那么较大的点会先引起人的注意，然后是较小的点，从而形成从起点到终点的视觉效应（见图5-2）。

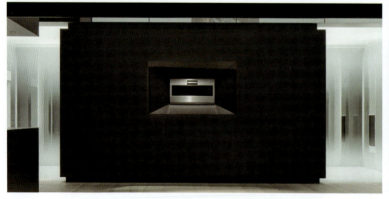
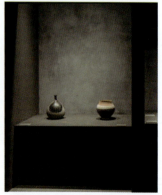

图5-1　单点容易形成视线的焦点　　　　图5-2　双点在展示空间中的运用

（3）多点

多点可以排列成线状构成，也可以围合成面。当空间中有多个点，特别是点的大小、颜色、形状不同时，其不同的排列组合能够产生丰富的视觉效果。有规则的排列可得到有序的空间，反之，则会产生动荡的、无序的感觉（见图 5-3～图 5-5）。

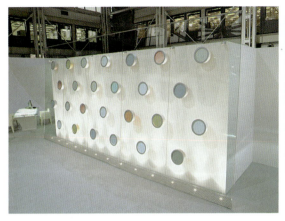

图 5-3　多点在墙面上有序排列的效果

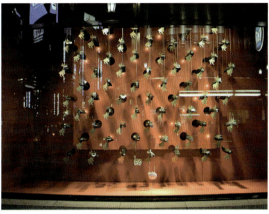

图 5-4　多点在橱窗展示中的运用

（4）点群

点群可以被理解为是足够密集的相同的点。点的密集靠近，形成了线的感觉，点的间隔越小，它的线化就越明显，从大到小的线化的点群，产生从强到弱的运动感，因此点群能加强空间变化效果。密集的距离相同的点会形成面，随着点的大小、疏密变化很容易产生由近到远的深度感（见图 5-6）。

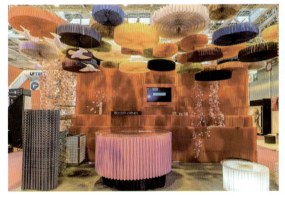

图 5-5　多点在顶面的运用

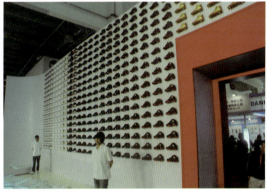

图 5-6　用展品组成点群来装饰墙面

2．线的应用

线可以看作是点的运动轨迹，与点相比，线的表现形式更具多样性，如粗细、实虚、迟缓、流畅等变化，常常给人的视觉带来方向感和运动感，进而影响人的心理感受。在构成中，线主要分为直线和曲线。

（1）直线的运用

直线在几何学中表示两点之间最短的距离，是最常见的视觉现象，具有较强的视觉张力，也是展示设计中运用最广泛的视觉元素之一。秩序排列的直线具有明显的秩序感，能够有效地统一整个展示平面；水平的直线能够引导视线，吸引效果最强；垂直的直线则更多具有分隔画面、限定空间的作用（见图 5-7 和图 5-8）。

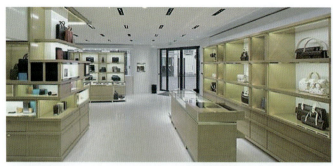
图 5-7　展示空间中直线的运用

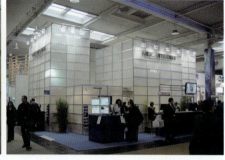
图 5-8　直线的运用使空间富有秩序感

（2）曲线的运用

从造型的角度而言，曲线具有变化、自由、活跃的特点，在展示空间中适当地应用曲线，可以改变由单纯直线造成的冷峻、严厉的气氛，丰富空间的整体效果，创造出富于节奏和韵律的变化效果（见图5-9和图5-10）。

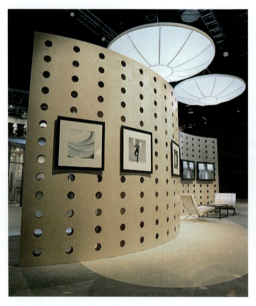

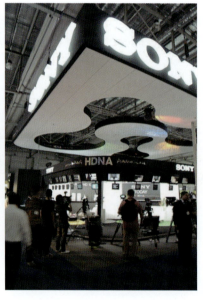

图 5-9　曲线的运用使空间富有动感　　　　图 5-10　顶面设计中曲线的运用

3. 面的应用

面是线的移动轨迹，是相对比较宽大且薄的体。面的最大特征是可以辨认形态，具有理性和量感。面是展示设计中常用的设计元素，面的不同观察角度、不同材质和不同的构成手法等都会给人带来不同的视觉感受。面总体上可分为平面和曲面两大类，平面又可进一步分为几何平面和自由平面。曲面和自由平面的构成形式随意、灵活，可以产生丰富的视觉效果，而几何平面具有简单、明了的特点，这里仅就几种常见的几何平面进行论述。

（1）圆形在展示中的运用

从几何学的角度来说，圆是一个被连续曲线包围的形状，曲线上各点与中心的距离相等。在展示设计中，圆是非常有用的形状，它可实可虚，具有很好的适应性和协调性（见图5-11和图5-12）。在以方形平面形成的展示背景上使用圆形作为视觉中心，可与背景等形成强烈的对比。

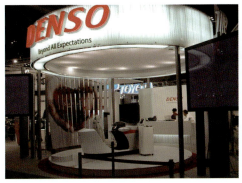
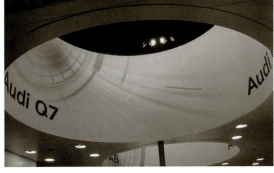

图 5-11　上下呼应的圆形顶面与地面设计　　　　图 5-12　圆形在顶界面中的运用

(2) 三角形的运用

运用三角形可在展示空间中产生丰富的视觉想象力和对比效果（见图 5-13 和图 5-14）。平放的三角形具有稳固、庄重的视觉效果，常用这种形态来作为道具形态或版面形式；倒置的三角形具有一种不稳定的状态，视觉冲击力很强，容易形成视觉焦点。

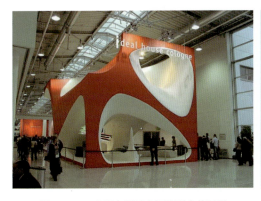
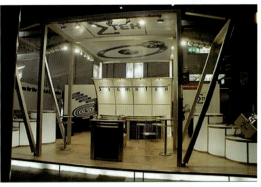

图 5-13　三角形在展示空间界面中的运用　　　　图 5-14　三角形作为立柱在空间中的运用

(3) 矩形的运用

将不同面积、体积的矩形与立方体相组合，可产生丰富的变化形式，这是展示设计中最常见的手法之一。在展示中出现的矩形常被视作某一展示内容的外框或界限；用矩形作为背景会给人一种较为正式的感觉（见图 5-15 和图 5-16）。

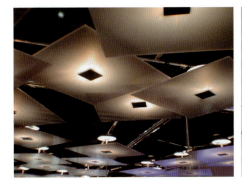
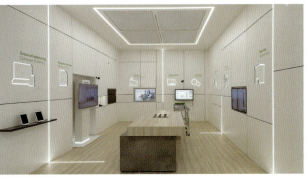

图 5-15　矩形在顶界面中的运用　　　　图 5-16　展厅中矩形分割墙面的设计

4. 体的应用

体是占据三维空间的实物，由长度、宽度与深度共同组成三度空间，具有体积、容量、重量等特征，从任何角度都可以通过视觉或触觉感知体的客观存在，使人产生强烈的空间感。体所塑造的形态具有充实、厚重和稳定感。体的构成方式有变形、组合和切割三种，通过它们可以创造出形式多样的空间形态（见图5-17～图5-22）。

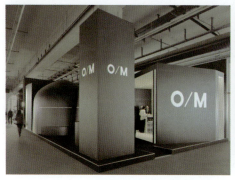

图5-17　长方体在展会中的运用

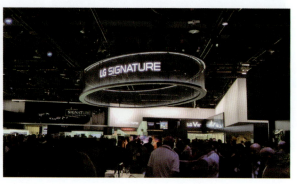

图5-18　位于展厅顶部的圆环体

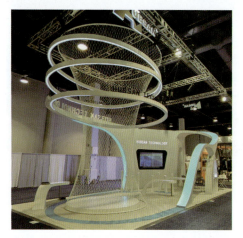

图5-19　展会中体的变形

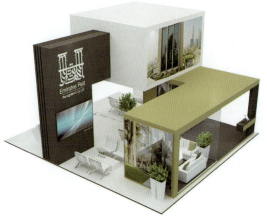

图5-20　体的组合在展示空间中的运用

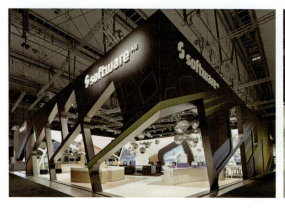

图5-21　体的切割在展会中的运用

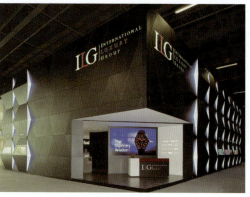

图5-22　展会中体的切割与变形

5.1.2 形式美法则

形式美法则是客观世界固有的内在规律在艺术范畴中的反映,是人类在艺术实践活动中掌握的艺术形式规律及美感法则的总结和概括,也是人们进行艺术创作和形式构成的基本法则。在展示空间中运用形式美法则,可以有利于我们更加生动准确地表达设计构思,传达主题信息。

1. 重复与渐变

重复是将相同或相似的要素按照一定的位置和距离做反复并置的排列。重复的形式单纯、清晰,富有节奏美感,但有时因为过分统一,也会产生枯燥乏味的感觉。在展示中运用重复的形式,可使展品均等地陈列(见图5-23～图5-25)。

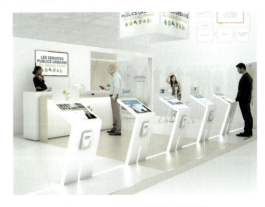

图5-23 展会中重复陈列的屏幕

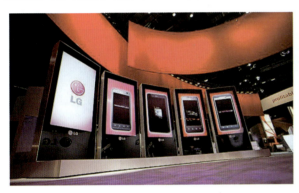

图5-24 展会中重复布置的道具

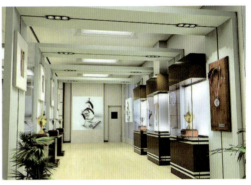

图5-25 重复布置的展柜

渐变是指将相近似的形式要素进行连续排列,并表现出递增或递减的规律。与重复相比,渐变含有渐层变化的阶梯状特点,能够创造出一种动态的美感,同时具有一定的秩序性(见图5-26～图5-28)。

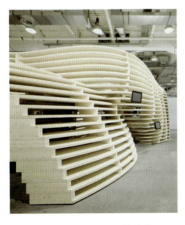

图5-26 LIGNUM展馆中的渐变设计1

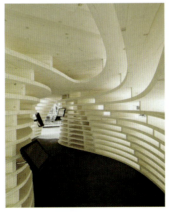

图5-27 LIGNUM展馆中的渐变设计2

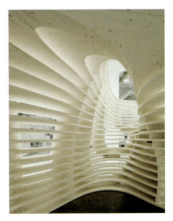

图5-28 LIGNUM展馆中的渐变设计3

2. 对称与均衡

对称是指中心轴的两边或四周的形象完全相同的一种构成形式，具有一定的规律性，是统一的、偶数的、对生的。在展示设计中，对称的表现手法经常被采用，是一种较好的陈列形式，会给人以庄重、大方、稳定之感（见图5-29和图5-30）。

均衡是指将各形式要素的视觉感保持一种平衡关系，不要求中心轴的左右或上下各方的形象完全相同，但从形体的质与量等方面要有雷同的感觉。均衡具有一种变化活泼感，是不规则的、奇数的、互生的。在展示中运用均衡的形式，可以把展品或多或少地分组陈列，既避免了呆板单调，又可获得平衡稳定之感（见图5-31～图5-34）。

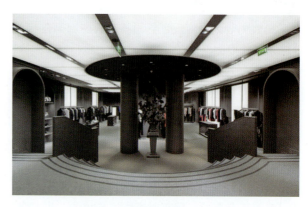

图5-29 对称布置的服装展示空间

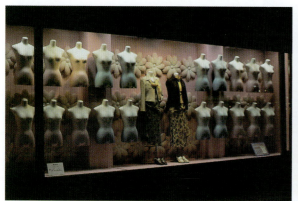

图5-30 对称布置的橱窗

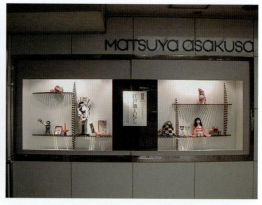

图5-31 色彩与位置的均衡设计

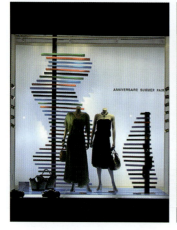

图5-32 背景与展品间形成的均衡效果

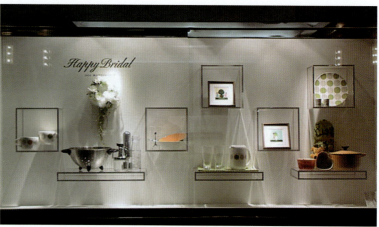

图5-33 由展品的体量带来的均衡之感

3. 统一与变化

统一就是把两个相同性质不同量的物体，或是两种不同性质却相近似的物体并置在一起，给人以融和协调的舒适感。在展示设计中，常常体现在形的统一、色的统一、主调的统一等方面，特别是在表现同一主题的设计中，这种统一性显得尤为重要。

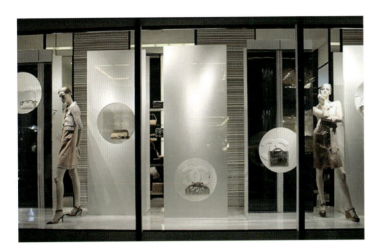

图 5-34　模特与展品间的均衡

变化是将若干种既不相同也不近似的物体并置在一起，它们之间有着明显的差异，可以形成强烈的对比。在具体的展示设计中，通常表现为形的对比、色彩的对比、肌理的对比等。适度的对比，能够产生生动活泼的视觉感受，给人以愉悦的美感（见图 5-35～图 5-38）。

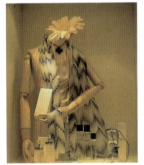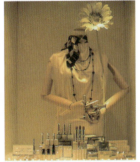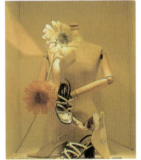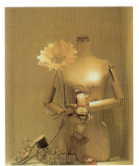

图 5-35　统一色调背景下形式的变化

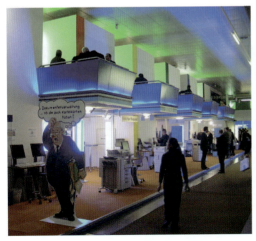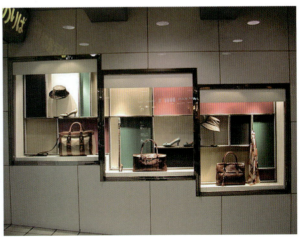

图 5-36　统一形式中的细部颜色变化　　　　图 5-37　统一色调和尺度下形式与位置的变化

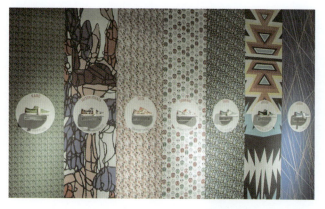

图 5-38　统一陈列方式中背景的变化

4. 比例与尺度

比例是指物体各部分之间或部分与整体之间的数量关系，它是精确详密的比率概念。在进行展示设计时，各个空间、道具、展品的大小、高低、长短、宽窄都要安排得体，形成合理的比例关系。

尺度则是标准，是设计中的计量、评价等的基准。它以人体自身的尺度为中心，根据人体活动的方便总结出各种尺度标准，体现在展示空间的各个方面。完美的设计形式，离不开协调匀称的尺度（见图 5-39～图 5-42）。

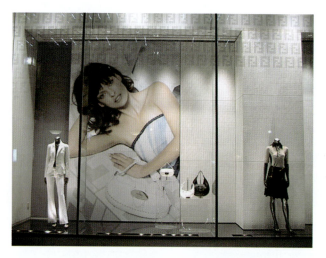

图 5-39　大尺度的照片与实物展品形成对比

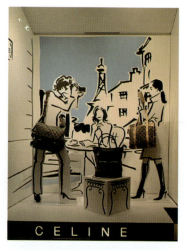

图 5-40　真实的比例使展品融入场景之中

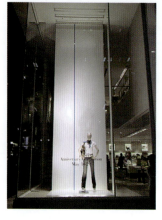

图 5-41　突出空间尺度的橱窗设计

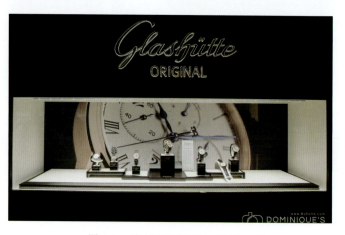

图 5-42　放大的手表背景更能引人注意

5．节奏与韵律

节奏本是指音乐中音响节拍轻重缓急的变化和重复,在构成设计中是指同一视觉要素连续重复,并产生高低、强弱的变化,进而形成一定的运动感。在展示设计中,通常表现为形、色、音的反复变化,有时表现为相间交错的变化,有时表现为重复出现的形式。

韵律原指音乐或诗歌中的声韵和节奏,是一种有规律的抑扬变化。在展示空间中,单纯的单元重复组合易于产生单调之感,而将道具或展品进行有规律的排列,使之产生音乐、诗歌的旋律感,则会生动活泼,生机勃勃(见图 5-43 和图 5-44)。

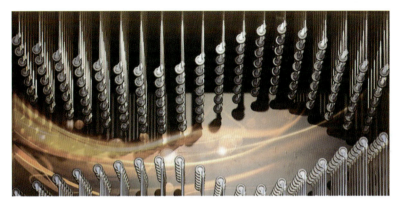

图 5-43　富于韵律感的展具布置 1

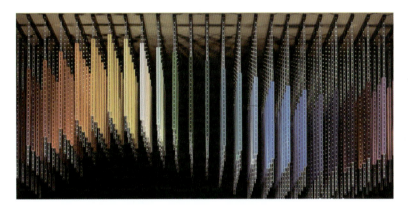

图 5-44　富于韵律感的展具布置 2

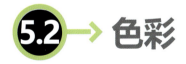

5.2　色彩

5.2.1　设计原则

展示空间的色彩,是最易影响参观者的视觉和心理感受的设计因素,参观者进入展馆的第一感觉主要是由色彩营造的空间氛围。好的展示色彩设计,具有很强的视觉吸引力,能充分体现展示空间的艺术魅力。但由于各个不同的地区、民族、文化传统对色彩的象征意义、偏好存在很大差异，色彩设计又是展示设计中较难表现的一个方面。

一般来说，展示空间的色彩设计要遵循以下几个原则。

1. 突出主题

运用色彩表达某种情调与气氛，要根据展示的主题思想内容来设定色彩的基调，在保证主题色调突出的前提下，可以选用几种辅助用色（见图 5-45）。

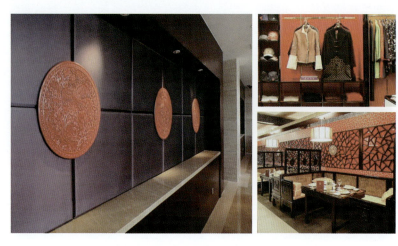

图 5-45　用红色突出中式主题的展示空间

2. 基调统一

为避免单调呆板的视觉效果，展示空间的色彩设计通常要有适当的对比关系，但色彩对比不宜过于强烈，要保证整体基调的统一（见图 5-46）。

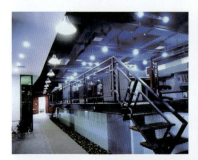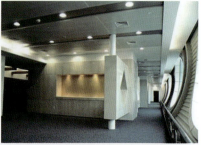

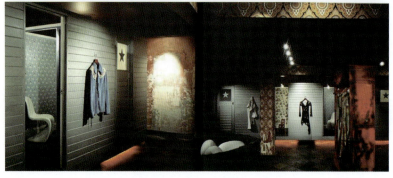

图 5-46　在基调统一前提下存在一定的色彩对比

3. 服务观众

展示色彩设计要充分考虑参观对象特别是目标观众的生理、心理等方面的特点，以及各种色彩给他们带来的不同情感和反应（见图5-47）。

4. 慎用彩色光

使用彩色光可以增加展示空间的趣味性和层次感，但同时也会改变物体的颜色，使人做出错误的判断，影响人们正常的参观。

5.2.2 设计方法

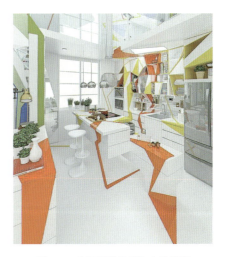

图5-47 高纯度的色彩与白色搭配营造出清新明快的气氛

展示空间色彩设计的目标总的来讲是创造一个既统一又有个性的和谐整体，在保证整个展示空间色调协调统一的同时，各个展区展位又要有其自身的特色，要既有连续性又有差异性，形成一种富有韵律的色彩节奏。针对展示色彩的设计主要包括展示空间基调色设计、展示分区主体色设计、展示摊位强调色设计三个方面。

1. 展示空间基调色设计

展示空间的色彩基调并不是指单一的色调，而是在整体色彩统一基础上的多种色调。在保证展示空间整体基调统一的前提下，体现各个分展区的个性，就要处理好各展区色彩的渐变、过渡、对比的关系，使之成为一种富有韵律的节奏性色彩关系（见图5-48和图5-49）。展示空间的色彩基调主要是根据展示的主题来确定的，比如历史性题材的展览一般采用厚重、沉稳的低调色作为色彩基调，以反映出历史变迁的沧桑感；商业性质的展览活动大多采用中性、柔和的色调，以突出展品，刺激参观者的消费欲望。

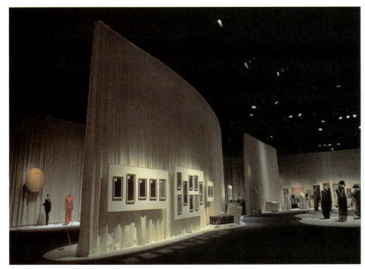

图5-48 以低调色为色彩基调的展示空间

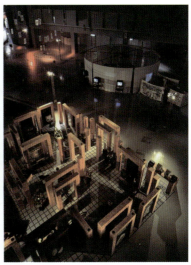

图5-49 整体基调统一又各具特色的展区色彩关系

2. 展示分区主体色设计

展示分区是指大型展会的分馆、博物馆的分厅、商场的分层等较大的空间区域，这些区域的色彩能很快地作用于人的心理，引起参观者的情感融入和思想共鸣，进而直接影响整个空间的展示效果。展示空间中各分区的色彩设计关键是要做到区域化个性的形成，通常根据各分展区的展品性质、展示目的以及目标对象等因素来确定一种有别于其他展区的色彩效果（见图5-50和图5-51）。比如室内布艺类展品讲究清洁、温馨的感觉，其展区可以选择白色、浅暖色等淡色系列作为主色调；男士正装要体现男性庄重、稳定、成熟等特点，其展区相对要沉稳一些，一般选择棕褐、深蓝等偏深色调作为主色。

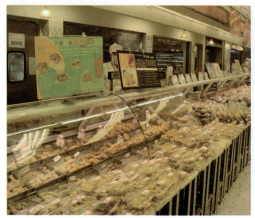 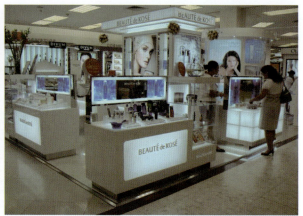

图5-50 以暖色系作为主色调的糕点展区　　　图5-51 以蓝色和白色作为主色调的化妆品展区

3. 展示摊位强调色设计

展示摊位是指较小范围内的展示空间，通常是每个参展商自己的陈列空间，此处的色彩在整个展示空间中起到强调、突出的作用，是展示色彩设计的中心所在，要充分体现出个性和特色。展示摊位的色彩设计主要是将企业标志色及其延伸色彩作为色彩基调，使整个展位形成一种统一、和谐并有别于其他展位的视觉环境（见图5-52和图5-53）。比如中国电信的展位色彩总是以蓝、白两种标志色为主色调。

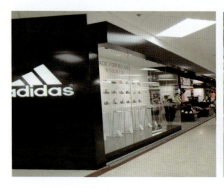 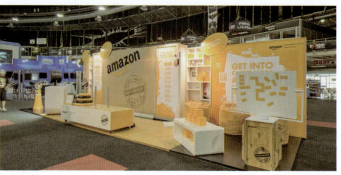

图5-52 以黑、白两色为主色调的adidas展位　　　图5-53 以白色和黄色为主色调的亚马逊展位

5.3 版式

版面设计就是在一个展示平面上，运用形式美法则对文字、图形、色彩等进行有机编排，使其发挥最佳的视觉传达效果，从而准确地传达展示主题，达到设计的目的。展示活动中的一切应用文字和图形设计的编排，都可称为版面设计，它是整个展示系统中的关键一环。

5.3.1 设计要素

展示版面的设计要素主要包括版式、文字、图形、色彩和装饰五个方面，它们从不同的角度影响着展示版面的视觉效果。

1. 版式

版式就是指版面的格式或构图形式，通常有总版式和分版式之分。总版式是指整个展示空间的版面格式，它要求形式、色彩、文字体式等必须风格统一；分版式是指展示空间中各个版面的版式，在总版式统一的前提下，分版式要求具有一定的变化。总的来说，展示空间的版式设计要在统一中寻求变化，从而达到丰富、活泼的视觉效果（见图5-54）。

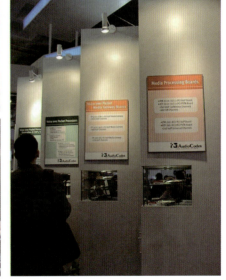

图5-54 总版式统一的前提下分版式各具特点

2. 文字

文字是传达信息的主体，也是展示版面设计中非常重要的设计要素。针对文字的设计主要是从文字的体式、大小、色彩、编排以及文字和底图间的相互关系等方面进行考虑的，这些方面都要有统一的设计或规定。文字设计同样要体现形式美感和艺术创意性，以达到最佳的传达效果（见图5-55）。

3. 图形

这里所说的图形主要包括各种图片和图表。

图片是展板上不可缺少的设计要素，与文字相比具有更强的视觉冲击力。无论是抽象还是具象的图片，在展板上都可以编排出多种形式，形成不同的风格，体现不同的意境和含义（见图5-56）。

图表主要是出现在推广型的展览会上，用来介绍某项发展成果或是推广某种科技产品。图表的设计要根据展示内容来选择构成方法，其表现形式要具有一定的艺术性和趣味性，丰富多彩，以增添版面的感染力。

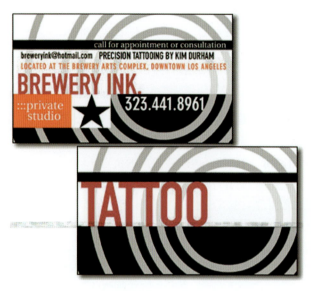
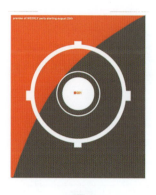

图5-55　版式中不同大小、不同颜色的文字　　　　　图5-56　版式中的图形

4．色彩

展示版面的色彩由版面底色、文字色彩、图形色彩等共同构成，其中版面底色决定了展示版面的基本色调。在进行色彩设计时，文字色彩、图形色彩与版面底色要有鲜明的对比关系，一方面在色相上不能太靠近，另一方面要有清晰的轮廓，这样才能取得较好的视觉艺术效果（见图5-57）。

5．装饰

展示版面中的装饰主要是指版面上的各种装饰符号，其表现形式多种多样，既可以是双线、波线、点线等线型符号，又可以是题花、尾花、标志等图形符号。这些装饰符号在版面上重复出现，可形成版面统一的视觉效果，有时甚至可以构成版面的视觉主体（见图5-58）。

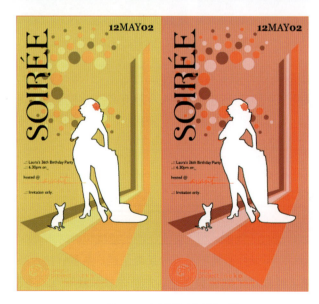
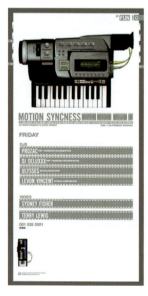

图5-57　不同版面色彩的对比　　　　　图5-58　版面中模拟胶卷底片的装饰

5.3.2 编排方法

展示版面的编排方法与包装、广告、报纸杂志、书籍封套等版面的编排方法在造型元素和形式法则等方面基本上是相同的,其种类名目繁多,但概括起来可大致分为三类:规则类、不规则类和混合类。

1. 规则类编排

规则类编排就是按照一定的规律来编排展示版面,具有整齐统一的效果。比如采用对称式的方法安排主体文字或图形,可以产生和谐感、稳定感和庄重感(见图5-59);采用平衡式的编排方法,可通过视觉心理达到平衡感,其编排版面富于变化,形式感强(见图5-60);网格式的编排方法特别适用于文字图片信息量较多的版面,其特点是既整齐又有变化,视觉条理好,编排多变丰富(见图5-61);采用放射式的编排方法,可将文字或图形按放射线状编排,具有迸发感、中心感、运动感,能增加视觉冲击力,起到视觉导向和凝聚的作用(见图5-62)。

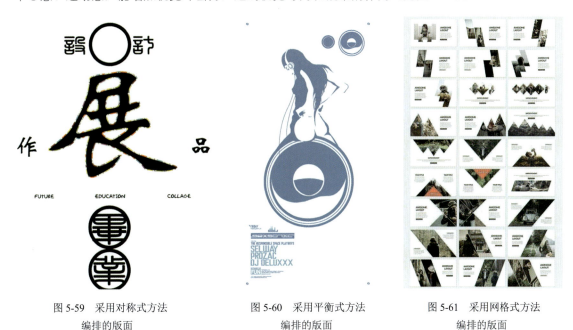

图 5-59 采用对称式方法编排的版面　　图 5-60 采用平衡式方法编排的版面　　图 5-61 采用网格式方法编排的版面

2. 不规则类编排

不规则类编排是指没有严谨的规则,自由随意地构成展示版面,具有活泼、自然的特点。比如采用散点式的编排方法,可将编排的内容分成大小几组,形成一定的疏密和层次,适用于内容繁多琐碎的版面(见图5-63);采用导向式的编排方法,可在版面中应用一些横线、竖线、斜线等导向性强的线条,形成强烈的方向感,具有视觉导向的作用,可使版面丰富活泼,富于形式感(见图5-64);采用曲线式的编排方法,可将文字和图形按折线或曲线的方向进行编排,版面具有韵律感、节奏感和动感的视觉效果。

3. 混合类编排

混合类编排就是将以上两类中的各种版面编排方法结合使用,这样可以产生更多的编排方式,使得展示版面丰富多变,更活泼且具有趣味性(见图5-65～图5-67)。

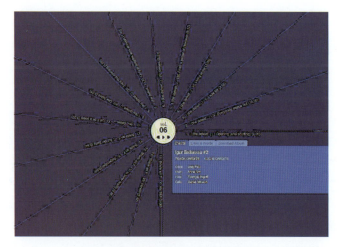
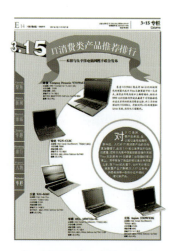

图 5-62　采用放射式方法编排的版面　　　　图 5-63　采用散点式方法编排的版面

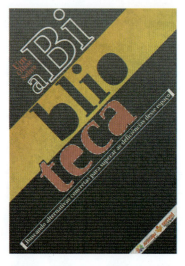
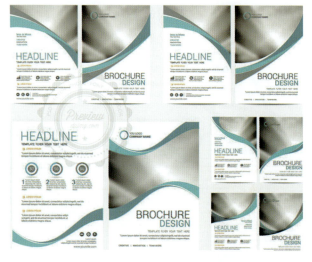

图 5-64　采用导向式方法编排的版面　　　　图 5-65　采用曲线式方法编排的版面

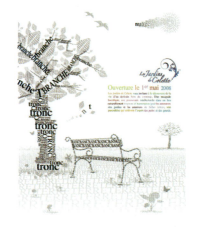
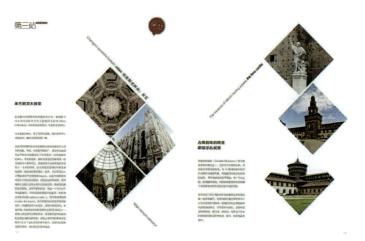

图 5-66　采用混合式方法编排的版面 1　　　图 5-67　采用混合式方法编排的版面 2

5.4 材质

合理、恰当而又不乏灵活地应用材料来体现设计构思,完成特定空间的意境创作,是当代展示设计中的重要课题,这里所讲的是由材料本身给人们所带来的不同的视觉特征和审美心理,它往往能使设计取得意想不到的效果。

5.4.1 材料特性

1. 材料肌理

材料表面组织构造给人带来的视感就是肌理,肌理是展示空间环境美构成的重要元素。肌理从形成原因上来分,可以分成材料的"自然肌理"和人工制作过程中所产生的"工艺肌理"。在展示设计中,多数情况下人们更喜欢选择具有自然肌理的材料来装点空间,以满足亲近自然、回归自然的内心渴望。但是,随着时代的发展和加工工艺的进步,人们开始在原材料表层进一步加工出新的纹理或起伏,使材料呈现出另一层次的肌理效果,由此许多材料便呈现出了人为加工的工艺肌理(见图 5-68～图 5-70)。

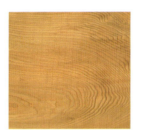
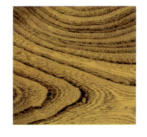
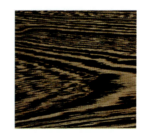

图 5-68 木材的天然肌理

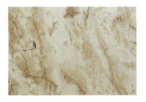
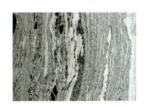
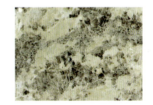

图 5-69 石材的天然肌理

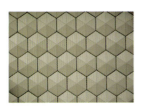
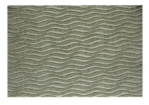
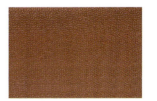

图 5-70 人造肌理

2. 材料质地

展示空间环境中不同的材料，如木材、砖石、玻璃、金属、皮革、织物及各种复合材料都具有不同的质地。在适度的光照下，不同质地的材料给人带来不同的视觉形态，运用于空间装饰中相应地显示出不同的空间氛围。材料质地的粗与细、有无纹理、软与硬是影响心理的主要因素。质地粗糙的材料性格粗放，粗犷有力，给人一种朴实、稳健、庄重的空间氛围（见图5-71）；材料表面细腻光滑，显得精细、柔美又华贵，氛围倾向于欢乐与轻快（见图5-72）；中间质感的材料，是前两者的中间状态，虽然性格中庸，但创造的空间层次更加丰富，也更加耐人寻味。表面无纹理的材料视觉上缺少变化，感觉单调乏味；有纹理的材料则易使视觉变得丰富而有变化（见图5-73）。软质材料带来的是柔软温馨的感觉，如各种编织物、棉织品；硬质材料带来的则是冷漠、生硬的感觉，但却不乏力度感，使人产生一种稳定感、安全感和信任感（见图5-74）。

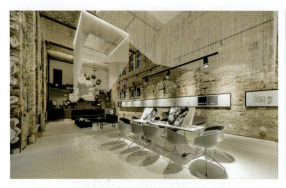

图5-71 展示空间中质地粗糙的表面效果

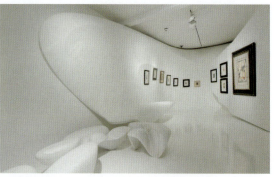

图5-72 展示空间中质地细腻的表面

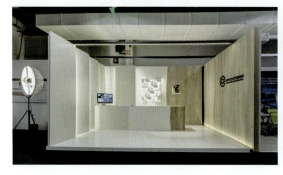

图5-73 展示空间中有纹理和无纹理的对比效果

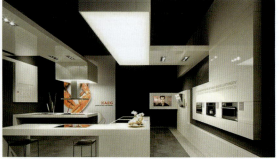

图5-74 展会中黑色软质材料与白色硬质材料的对比

3. 材料色彩

材料是色彩的载体，色彩不能脱离材料而单独存在。不同的色彩使人产生各种联想，如暖色系可以满足人们积极、活跃、向上的感觉，属于积极色（见图5-75）；而冷色系则具有柔和的情绪，属于消极色，给人带来安静平和的感觉（见图5-76）；中性色有较为中庸的性格，不会让人产生强烈的冷暖刺激（见图5-77）。在明度方面，高明度的明亮色彩给人以坦率而活泼的感受，低明度的暗淡色彩则深沉稳重（见图5-78和图5-79）。

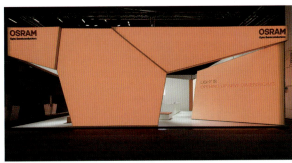
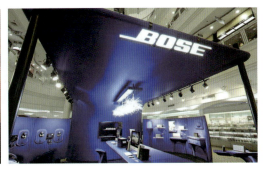

图 5-75　使用暖色的展位设计　　　　　　　图 5-76　使用冷色的展位设计

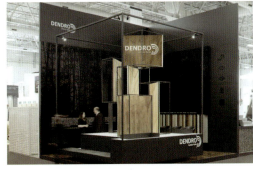
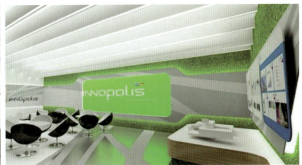

图 5-77　使用中性色的展位设计　　　　　　图 5-78　展示空间中高明度的绿色

材料的色彩一般可分为两类：一类是材料本身所具有的自然色彩，在施工中不需要进行再加工，常见的有纺织面料、天然石材、面砖、玻璃、金属材料及其制品等，这些材料的自然色彩是装饰设计中的重要元素，设计师应充分发挥其色彩特点，根据具体环境进行最佳的选择和应用（见图 5-80）。另一类是根据装饰环境的需要，在施工过程中进行人为的造色处理，经过调节或改变材料的本色，使材料达到与装饰环境色彩相和谐的特殊效果（见图 5-81）。

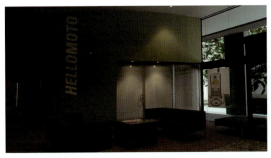
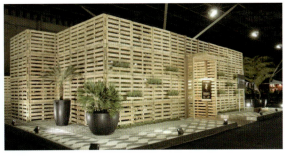

图 5-79　展示空间中低明度的绿色　　　　　图 5-80　展会中体现木材的天然色彩

根据冷暖色彩所具有的能给人心理带来收缩或扩张的情感特征，在现代展示空间设计中，在较小的空间内经常采用浅淡色调的材质创造一种明朗、宁静、轻松的氛围，迎合人们向往开阔透气空间的心理需要；对于面积较大的空间则经常使用具有一定收缩作用的中性灰度的色调或深色调来处理墙面，用来减缓由于空间过大使人在心理上产生的空旷感（见图 5-82 和图 5-83）。

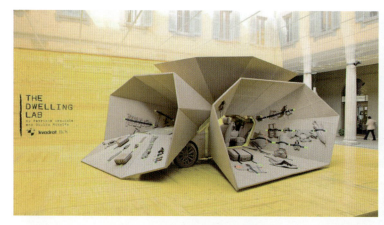

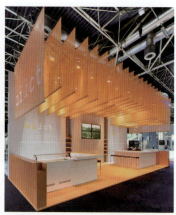

图 5-81　被人为处理成黄色的木材　　　　图 5-82　使用暖色调的展位

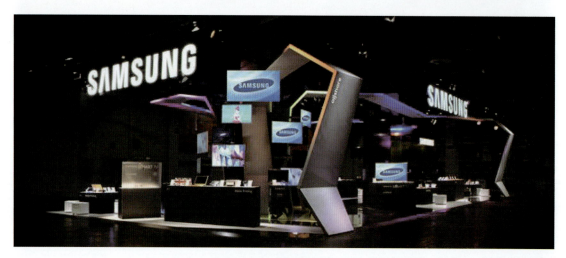

图 5-83　使用深色调的大展厅

5.4.2　功能作用

1．风格体现

展示设计的风格多种多样，不同的风格由不同的形式和材料共同形成。材料的错用会引起风格的混乱，设计师的设计理念也不能得到充分的表达。

中式风格的设计讲究布局对称，格调高雅，造型简朴优美，装饰材料以木材为主，多采用深色木材，木纹和肌理相对内敛，紫檀木、红木和黄花梨木都是常用的木材（见图 5-84）。对于石材而言，深色的大理石、青砖、仿古的文化石能创造一

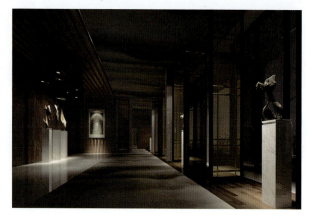

图 5-84　用红木点缀空间的中式展厅

种含蓄、厚重的东方历史感（见图 5-85）。竹材作为一种新兴材料，越来越被设计师重视，尤其是对于中式风格的设计。竹在中国的历史人文文化中占有重要的地位，因此，在空间中用竹竿、竹枝、竹片做装饰点缀，能够表现出一种"竹映风窗数阵斜"的幽远文化意味（见图 5-86）。在中式风格的设计中，鹅卵石、麻布以及部分纸质材料也成为新宠。在走廊两侧随意铺撒的白色鹅卵石和半透明的纸质或者麻布装饰门帘都能透露出空间内的些许"禅意"（见图 5-87）。

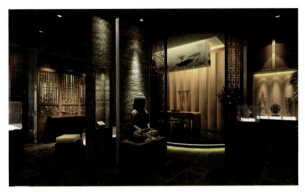

图 5-85　石材在中式展示空间中的运用

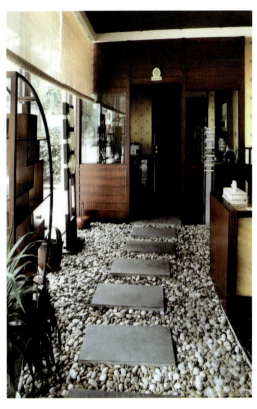

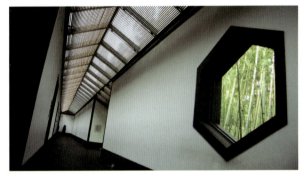

图 5-86　苏州博物馆中借景看到的竹子　　　　图 5-87　中式空间地面上用到的鹅卵石

　　欧式风格分类多样，其中古典欧式风格可以分为中世纪风格、文艺复兴风格、巴洛克风格、洛可可风格等，但这些风格均有曲线趣味、色彩富丽堂皇等特点。在所用材料上，暖色大理石、纹案壁纸、描金阴角线、多彩的织物、精美的羊毛地毯，精致的法国壁挂通常成为设计师的首选（见图 5-88）。与这些传统风格相对的是现代简约风格。现代简约风格强调摒弃过多的装饰，做到简约而不简单。这种风格的装饰材料倾向于玻璃、钢材、纯色的木材和石材或者造型独特的钢把手、钢铆钉等，材料表面光洁度比较高，搭配使用能使空间显得简约利

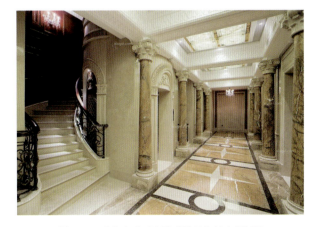

图 5-88　暖色大理石在欧式展示空间中的运用

落（见图 5-89）。玻璃的运用能够创造出洁净、通透、现代、明亮的感觉，其硬朗的线条和材质适合于现代风格的表达（见图 5-90）。钢材和玻璃配合运用在现代风格的展示空间中也很常见，如大面积的玻璃配以小面积的不锈钢。

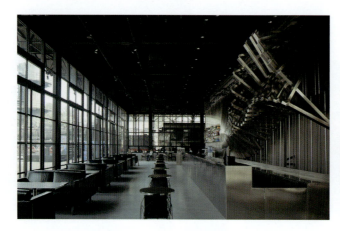
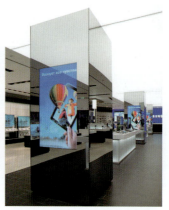

图 5-89　金属在空间中的运用　　　　　　　图 5-90　玻璃在展示空间中的运用

2. 实用功能

材料各具不同的性能，空间也有不同的功能之分，而不同的空间功能决定了所用材料的不同。展示空间一般都是通过指示牌来引导人们的流动方向，然而材料在空间中也有着相同的作用，利用一些材料的纹理，如地坪漆的颜色肌理，可以通过不同的颜色组合出带有指向的图案等（见图 5-91）。展示性的公共空间尺度比一般的室内空间大，这就需要一些特定的材料来解决由于大量人员流动产生的噪声问题，利用某些材料特有的吸音特性，将其装饰在墙壁或是棚面，不仅美化展示空间，而且可以为人们营造出一个轻松的精神享受空间（见图 5-92）。作为一个面向公众开放的公共空间要对公众的安全负责任，展示空间中使用的某些材料要具备防护作用，比如楼梯等有高差的位置除了设置警示标志外，还应该使用防滑性强的材料等。

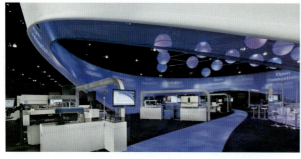
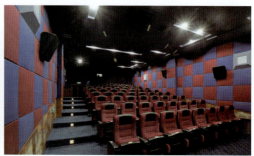

图 5-91　展会中利用地面材质的不同来指引人流方向　　　　图 5-92　影院墙壁上的吸音材料

3. 情感表达

不同种类的空间具备不同的情感因素，这些情感要流畅地表达，材料是其中一个非常重要方面。商业空间中多用暖色大理石、人造石材、玻璃、金属等，配以特殊的灯光照明，营造热闹愉悦的感觉，来刺激顾客的消费。另外，不同性质的材料在相同的环境中使用也能体现出不同的效果，例如历史类博物馆中地面材料适合使用线条粗犷严肃、有历史感的大理石或是文化石（见图 5-93 和图 5-94），如果使用木地板则略显轻浮；而现代主题类博物馆地面材料更适合使用富有亲和力的木质地板，而使用大理石太过严肃（见图 5-95 和图 5-96）。

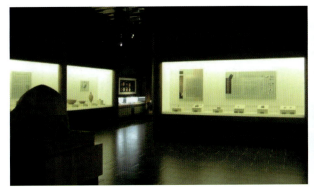 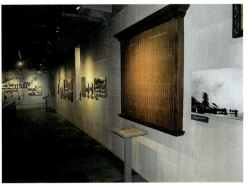

图 5-93　半坡博物馆中的黑色地面　　　　　图 5-94　上海消防博物馆中的深色地面

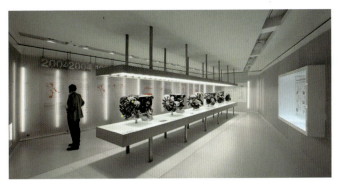 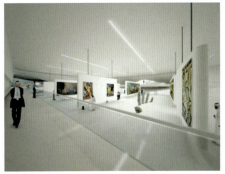

图 5-95　慕尼黑宝马博物馆的浅色地面　　　图 5-96　中东现代艺术博物馆内的白色地面

5.5 实训

1．设计题目

在仔细研究展示设计各视觉要素的基础上，针对某一展示主题或特定空间，进行空间色彩和版面设计。空间色彩要求注意体现展场、展区和展位之间的色彩关系，并具有一定的艺术表现性，采用手绘表现的方式；版面设计要求具有一定的艺术美感，采用计算机辅助设计的表现方式。

2．设计目的

本题目的主要锻炼学生对展示空间视觉要素的把握能力，特别是对空间色彩和版面设计的掌握。空间色彩在保证展场背景色统一基调的基础上，能够根据不同分区的功能差异确定各展区的色彩，同时为了避免空间色彩过于单调，还要注意各展位强调色的运用。版面设计主要锻炼学生对于版式、文字、图形、色彩等设计要素的综合运用能力。

3. 作业评析

图 5-97、图 5-98，在整体基调统一的基础上，空间色彩赋予变化，甚至个别地方应用了对比色，结合各限定元素的设计，使整个空间充满了现代感。

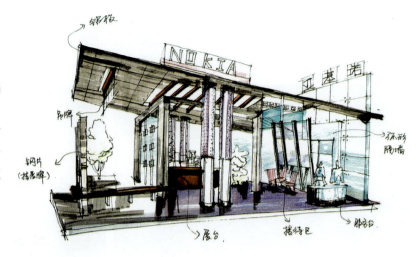

图 5-97　电子产品展区

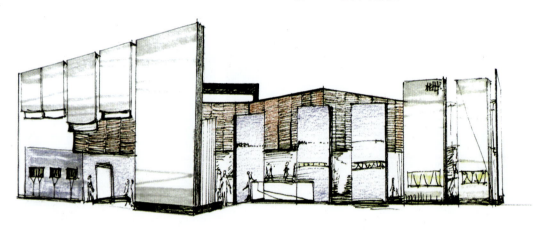

图 5-98　艺术品展区

图 5-99，以暖色调为主的卧室家具展示空间，适当地应用了一定的冷色调，打破了单调的空间色彩模式，却又不影响空间的整体基调。

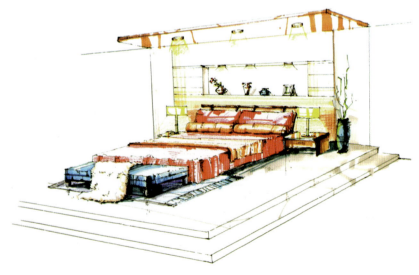

图 5-99　家具展区

图 5-100，作为彰显个性的艺术展示空间，在对空间形态进行创新设计的同时，大胆地应用了对比色，但要注意各展厅内部的色彩对比不宜过于强烈。

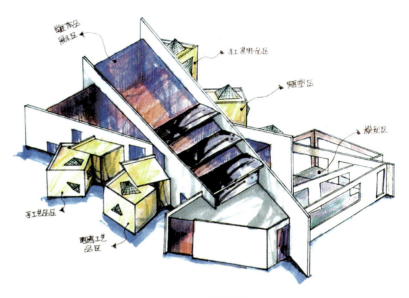

图 5-100　艺术展馆

图 5-101、图 5-102，根据不同的使用功能，确定各展区空间的色彩，使空间色彩丰富，又不影响整体基调的统一。

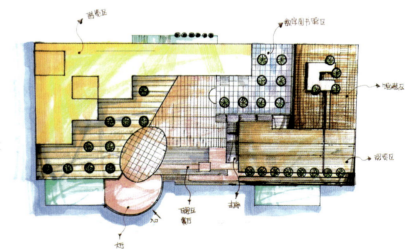

图 5-101　图书展馆

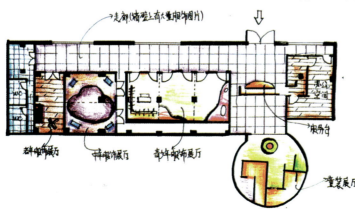

图 5-102　服饰展厅

图 5-103、图 5-104，大面积应用对比色的展位设计，在整个展场中是很引人注目的，但要注意所用的色彩要与展品相协调。

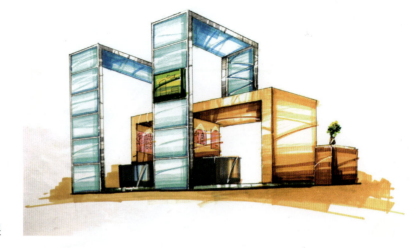

图 5-103　房地产展区 1

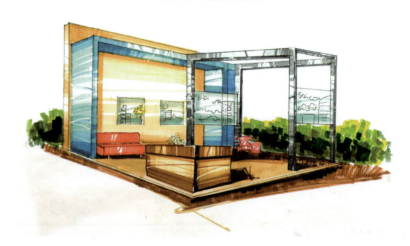

图 5-104　房地产展区 2

图 5-105，将两组放射式的编排形式加以变形，组合在一起，给人以较强的视觉冲击力。

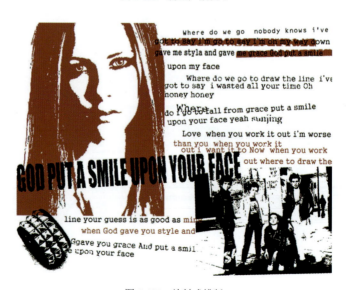

图 5-105　放射式排版

图 5-106、图 5-107，采用了平衡式的编排方法，通过将文字与图形合理地搭配布置，给人的视觉心理带来平衡感。

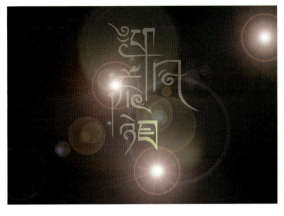 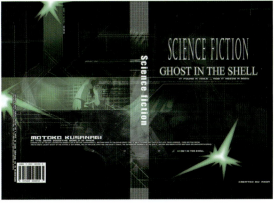

图 5-106　平衡式排版 1　　　　　　　　　　图 5-107　平衡式排版 2

图 5-108，将文字进行曲线方式的编排，结合液体的图形，整个版面动感十足。

图 5-109，主要采用了导向式的编排方法，虽然没有使用斜线条，但整个版面具有很强的方向感。

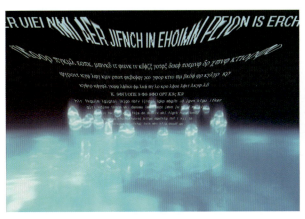 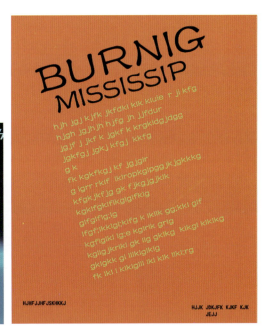

图 5-108　曲线式排版　　　　　　　　　　图 5-109　导向式排版 1

图 5-110，不规则的版面编排方式，与其反映的主题极为相符，版面灵活，不拘一格。

图 5-111，一条斜线将整个版面分成两个部分，结合图形的布置，整个版面活泼生动，具有较强的形式美感。

图 5-112，采用散点式的编排方法，将文字和图形灵活布置，整个版面内容丰富，构图饱满。

图 5-113，属于平衡式的编排方法，将文字和图形相重合，以图形作为文字的背景，整个版

面给人稳定和谐之感。

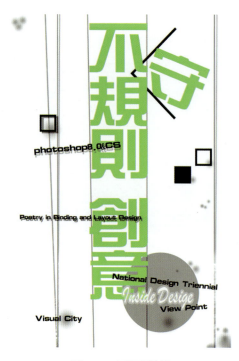

图 5-110　不规则排版

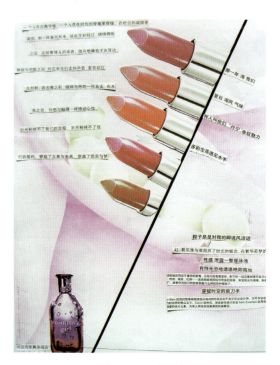

图 5-111　导向式排版

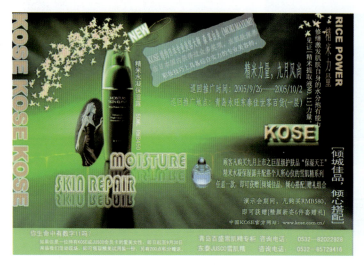

图 5-112　散点式排版

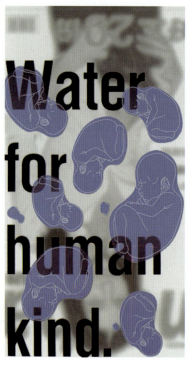

图 5-113　平衡式排版

第 6 章

主题

6.1 案例

6.2 实训

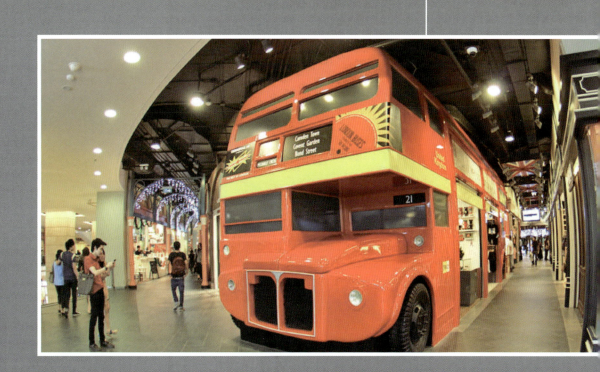

展示设计，就是要实现对某个主题的准确表现。无论是纷繁复杂的商业展示，还是教育性质的文化展示，都是具有某一确定主题的，在设计中能够准确地把握这些主题，并针对它们在视觉、空间、道具等方面进行合理的设计，是对合格的展示设计师的基本要求，也是学习展示设计的最终目的。

我们这里所说的主题展示设计是一种应用性的、以视觉艺术为主的空间设计形式，它的真正意义和价值在于其所传达的主题信息。成功的主题展示设计是要有针对性地面向目标观众，通过对展示主题的理解，利用科学技术和新概念的创意手法，提供具有趣味性的耐人寻味的设计作品，使展示效果更具时效性和可观性。以观众为中心，观众从阅读图片文字、聆听解说、欣赏展品到最后的参与互动、亲身体验，来完成整个参观的过程。

耳目一新的展览主题是保证参观的前提和基础，科学和创意的展示手法则是吸引观众参观的延续手段。通常在主题展示设计中，产品比图片、文字更具说服力和冲击力，而展示手法的有效应用则可以加深观众的记忆力。

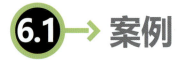

6.1 案例

1. 上海电影博物馆

上海电影博物馆坐落在上海漕溪北路595号，总体面积达 15 000m²，是一座将展示与活动、参观与体验融为一体，涵盖了文物收藏、学术研究、社会教育、陈列展示等功能的行业博物馆。它将电影人、电影事和电影的背后故事生动鲜活地呈现在参观者面前，并因其独特的展示设计和新颖的博物馆理念让许多游览者慕名而来（见图 6-1）。

上海电影博物馆的展示设计是紧紧围绕"电影"这一主题进行展开的，使用了三千多件有关电影的文物展品来呈现电影行业发展的历史。在视觉方面，采用光与影、黑与白的电影元素来进行展示，黑白光影所塑造的整体氛围很容易将观众带入电影的世界，再加上百名代表性电影明星的照片，利用黑白光影的形式呈现，观众在这个大的空间氛围中似乎真的置身于电影的世界中（见图 6-2～图 6-6）。

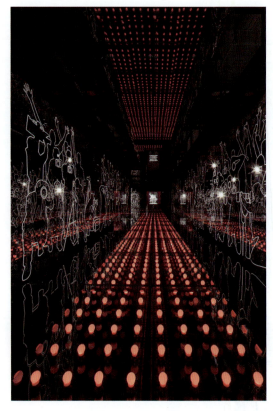

图 6-1　星光大道

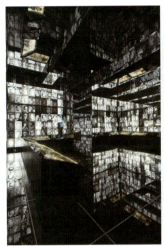
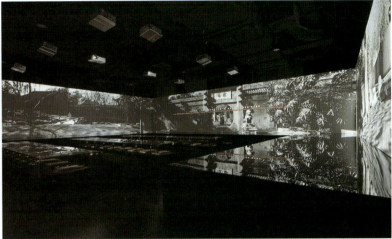

图 6-2 星耀苍穹

图 6-3 影海溯源

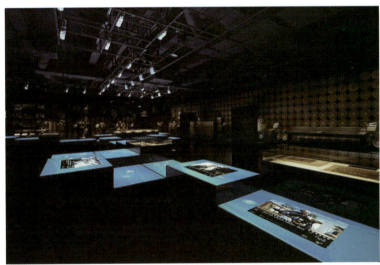
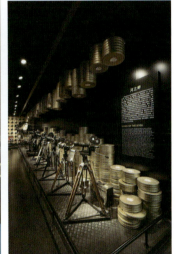

图 6-4 光影长河 1

图 6-5 光影长河 2

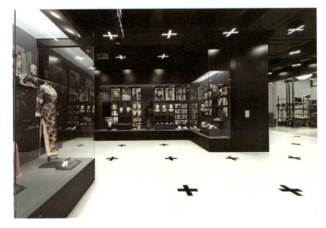

图 6-6 电影百科

参观者也可以通过互动体验来真切感受中国电影和上海电影的历史脉络与最新发展。大幅的互动屏，多样的互动装置，拟音工作室等，参观者可以根据自己的喜好参与体验，更增添趣味性（见图 6-7～图 6-10）。

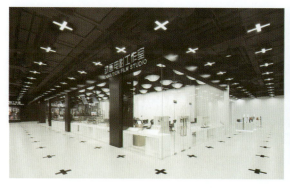

图 6-7　动画电影工作室

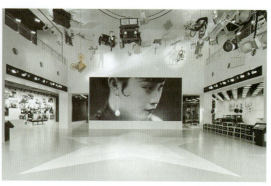

图 6-8　光影之戏 1

2. 斯坦哈特水族馆

斯坦哈特水族馆位于美国旧金山市，由 Urban A&O 设计公司在旧址的基础上翻新而成。斯坦哈特水族馆的主题是"水的星球"，在一个 10 000 平方英尺（1 平方英尺 $\approx 0.09 m^2$）的展厅中，将设计和技术纳入新的模式。水族馆中的 3D 流体墙面，具有独特的空间感，使场馆内的空间仿佛向远方无限延伸着。而灯光的照射，使流体墙呈现出亚光色泽，为水族馆整体空间带来神秘的趣味感，让客人们流连忘返（图 6-11~图 6-16）。

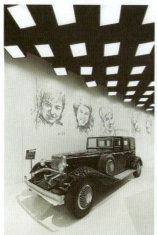

图 6-9　光影之戏 2

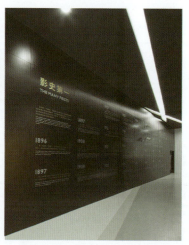

图 6-10　影史第一

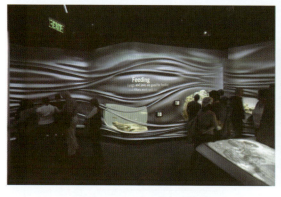

图 6-11　水的波纹充满墙面

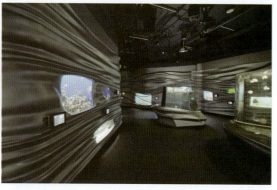

图 6-12　中央的展台也动感十足

展窗中透射出的内部灯光比观展区域的亮度要高，突出了展示的内容，让观展者一进入该空间就能抓住展示的核心。当海水般的冷色调灯光亮起，整个空间显得神秘莫测，让观展者充满幻想（见图 6-17~图 6-20）。

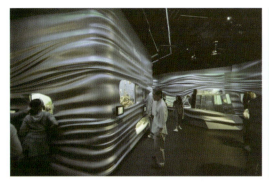

图 6-13　视频讲解使观展者了解更多知识

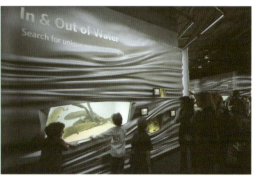

图 6-14　适合孩子们观看的高度

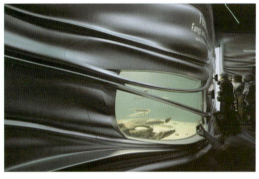

图 6-15　水纹甚至会穿过观察窗口

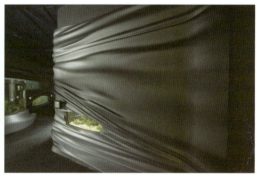

图 6-16　大面积墙壁使人感觉置身水底

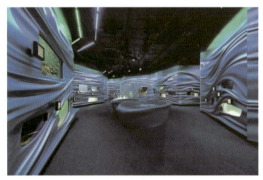

图 6-17　不断变化的冷色灯光

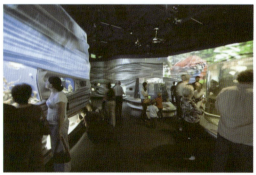

图 6-18　即使游人如梭也不影响视感

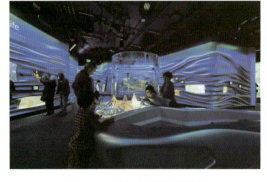

图 6-19　适合儿童观看的展台

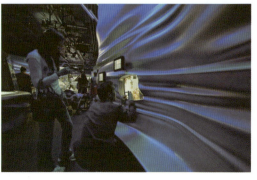

图 6-20　小型观察窗口

3. 钟书阁杭州店

钟书阁在杭州市的分店位于滨江区星光大道一个半开放商场的二楼，面积1 000m²。室内的设计延续了钟书阁自有的特征，天花板采用大面积的镜面，使整个空间产生一系列对称的视觉效果，充满了绚丽的魔幻之感。

书店的整体空间分为四个区域。一个是纯白色的空间，书架被做成一根根立柱的样子散落在大厅内部，又像是一棵棵挺拔的树干，用以呼应"森林"的主题，整个空间显得很空灵，这里是展示新书的地方（见图6-21～图6-23）。另一个与它平行的区域是书店的主体，书架围绕着四周的墙壁排列，中间留出来的空地摆放着一串桌椅，从不同角度看都呈现出左右对称的效果。棕色的书架设计成倾斜的，在镜子里反射出魔幻的图形，这里的深色调与纯白色的空间产生强烈的对比，也给人强烈的视觉冲击（见图6-24～图6-26）。

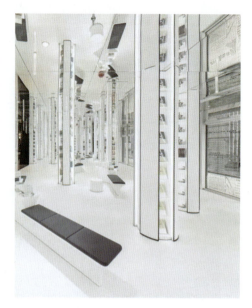

图6-21　白色区域1

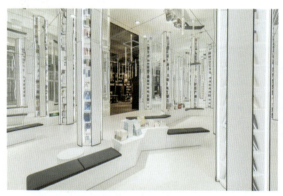

图6-22　白色区域2

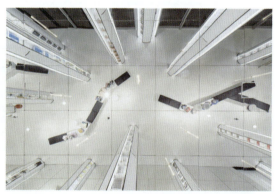

图6-23　俯览白色区域

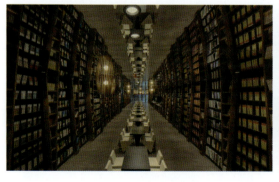

图6-24　主体区域1

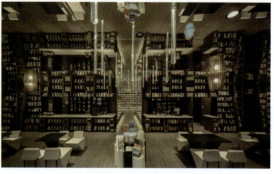

图6-25　主体区域2

另外两个较小的区域是童书区和环形阅读室。童书区采用了游乐场的风格，将旋转木马、过山车、热气球和海盗船做成固定的书架，色彩丰富而绚丽（见图6-27～图6-30）。环形阅读室里的书架则以环绕的形式层层上升，人们可以在阶梯式的书架上游走，营造一种轻松的环境（见图6-31～图6-33）。

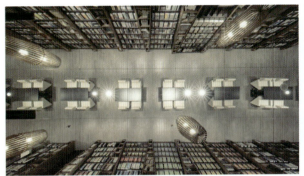

图6-26　俯瞰主体区域　　　　　　　　　　图6-27　童书区一角

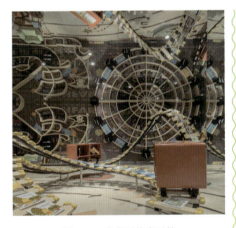
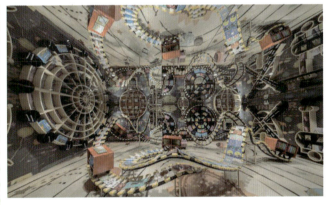

图6-28　童书区的摩天轮　　　　　　　　　图6-30　童书区整体效果

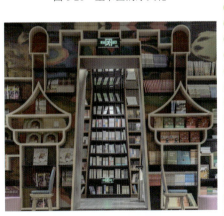
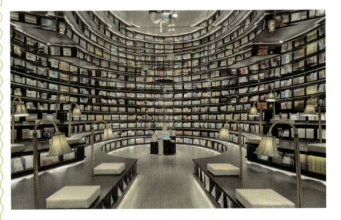

图6-29　童书区入口　　　　　　　　　　　图6-31　环形阅读室

4. Terminal 21

Terminal 21 位于泰国曼谷市中心，面积 55 000m²，从名字可以看出，它是一家以机场航站楼为设计概念的主题购物中心。其设计主题可以概括为"从 Terminal 21 向世界出发，这里是飞向 21 世纪的未来商城"，建筑内部装饰融合了全世界多个时尚名城的地标和设计元素，在不同的楼层、不同的区域都会根据一个世界大都市的建筑风格来进行设计，出神入化的理念处处给人惊喜，每个角落都是设计师精巧出彩的创意。罗马、旧金山、巴黎、加勒比海、伦敦、东京、伊斯坦布尔……在每个别具风格的城市区域中，所有的商铺与其整体文化主题相当吻合，就连服务员的服装也极具该国特色。行走在商场中，如同穿越于各个国家之间，于不知不觉中环游世界（见图 6-34 ～图 6-47）。

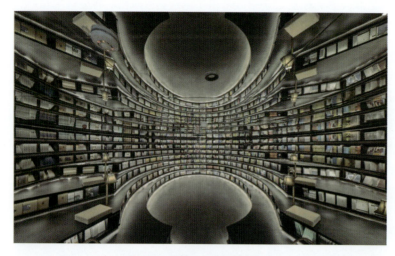

图 6-32　环形阅读室的对称效果

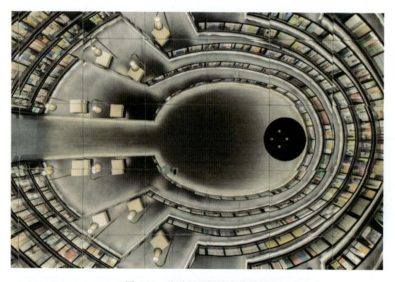

图 6-33　俯瞰环形阅读室的效果

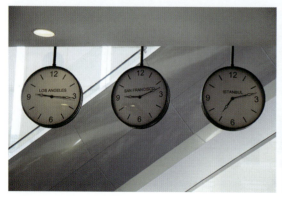

图 6-34　世界时间

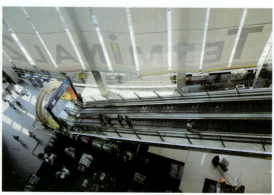

图 6-35　航站楼式的扶梯

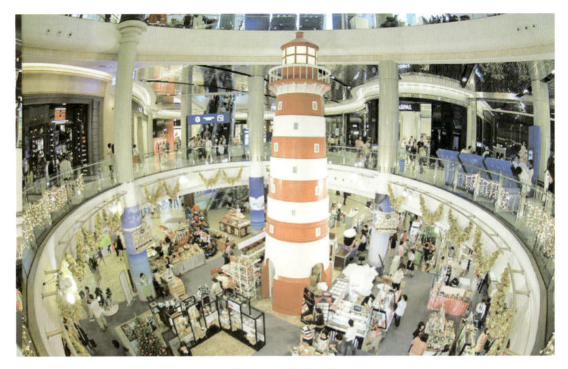

图 6-36 加勒比海风情 1

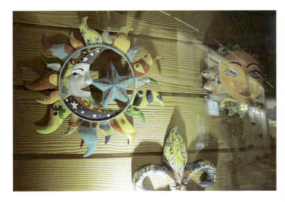

图 6-37 加勒比海风情 2

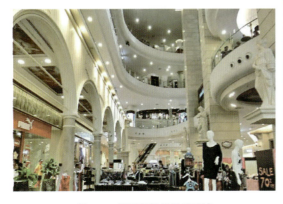

图 6-38 罗马风情的展示区域

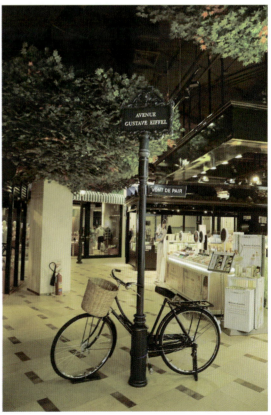

图 6-39 浪漫的巴黎风

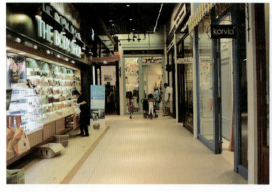
图 6-40 巴黎风情

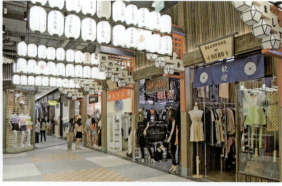
图 6-41 东京风情 1

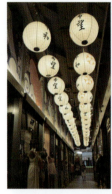
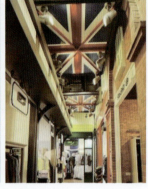
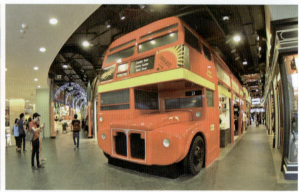

图 6-42 东京风情 2　　图 6-43 伦敦风情 1　　图 6-44 伦敦风情 2

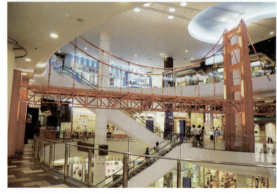
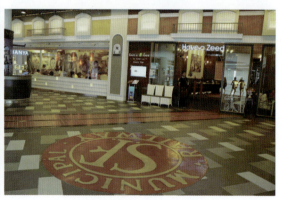

图 6-45 旧金山金门大桥　　图 6-46 旧金山风情区

值得一提的是，Terminal 21 商场里的商铺几乎没有任何世界名牌店，基本上都是一些时尚新颖的小摊位，而商品的款式和质量都非常精美，价格也相当亲民，因此吸引着世界各地的游客。

5. 健力士黑啤展览馆

吉尼斯和健力士都是"GUINNESS"这一英文单词的汉语翻译，GUINNESS 不仅打造了吉尼斯世界纪录这个家喻户晓的记录集锦，更是创造了爱尔兰的国宝——健力士黑啤（吉尼斯世界记录最初是作为健力士黑啤公司的一个成功创意，用来提升健力士黑啤品牌的知名度的），健力士黑啤展览馆也就顺其自然地成为都柏林的标志之一（见图6-48）。

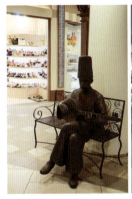 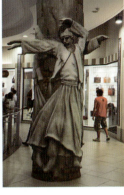 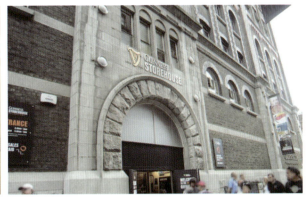

图6-47　伊斯坦布尔风情　　　　　　　　　　图6-48　展览馆入口

健力士黑啤展览馆属于芝加哥建筑风格，整体建筑由钢筋铸成，共分八层，每一层都体现了啤酒这一主题。在一楼的零售商店，可以买到与健力士啤酒相关的各类纪念品；在酿造过程展示区，可以非常详细地了解健力士黑啤的酿造工艺和酿造设备；在广告展区，可以看到健力士啤酒的广告发展史以及相关的海报和音像制品；在健力士学院，可以学习打酒的操作过程，并为自己倒上一杯健力士啤酒；在健力士啤酒美食体验馆，能够品尝到搭配健力士混合酒的爱尔兰美食精品；在重力酒吧，能将整个都柏林的壮丽景色尽收眼底（见图6-49～图6-58）。

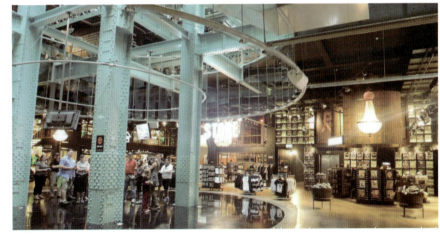

图6-49　纪念品区

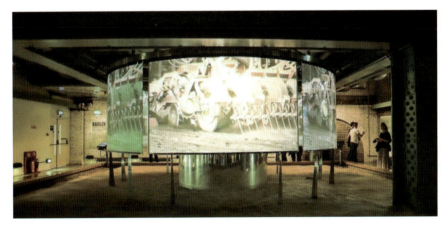

图6-50　利用声光电的形式展示黑啤的制作过程

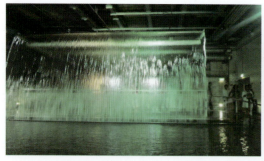

图 6-51　酿造啤酒用的水

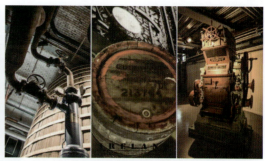

图 6-52　啤酒的酿造设备

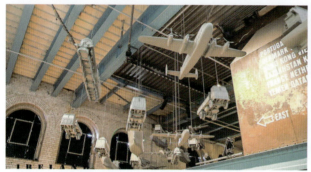

图 6-53　运输工具模型展示

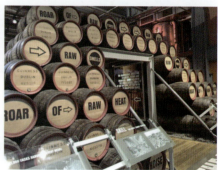

图 6-54　阵列的木桶

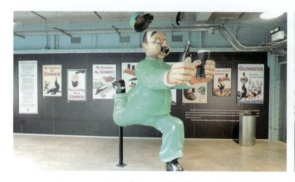

图 6-55　广告区

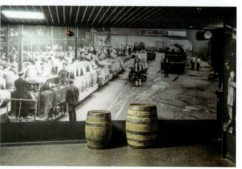

图 6-56　品牌发展历史

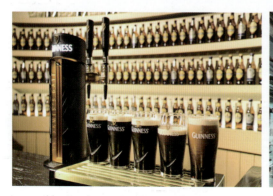

图 6-57　可以亲自打一杯啤酒的互动区

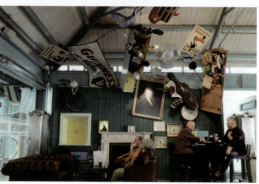

图 6-58　位于顶层的重力酒吧

6.2 实训

在课程最后,我们提供了几个抽象的主题,要求为其拟定一个副标题作为表现的题材,并围绕这一题材进行系统的展示设计,同时要书写文字说明,陈述设计目的以及展开方式,最终以实物模型的表现形式制作完成。

6.2.1 融

1. 题目分析

融,有"融化""融合、调和""流通"之意,而每一个不同的释义又都包含着许多方面,如"融化",可以是春天冰雪的融化,也可以是人与人之间隔阂的融化,还可以用来形容人被某种氛围所融化,等等。根据自己的理解,可以将为这一主题细化为许多不同的命题,选择其中一个,结合具体的展示内容展开设计。

2. 作业评析

作业1:融——民族融合、世界和平(见图6-59~图6-63)。

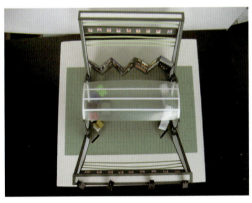

图6-59　平面图

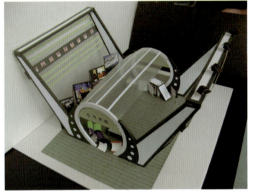

图6-60　鸟瞰图

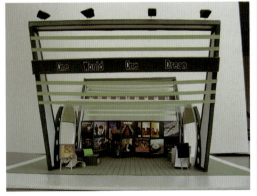

图6-61　入口效果图

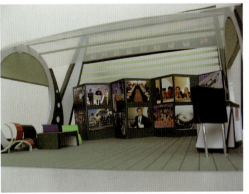

图6-62　内部空间图

(1)课题来源

融,物体融化后就会彼此交融在一起,而国家、民族融在一起也会团结互助、互利共赢,那就是融合。我们的展示设计就是围绕融合来展开的,我们渴望和平,反对战争,我们呼吁世界各国团结一致共建美好家园。

(2)展示目的

当今社会战乱与和平共存,显然不是一个完全稳定的时代,通过展示战争给人们带来的苦难,以及各国通过合作给双方带来的利益,向人们展现二者的利弊,呼吁和平,抵御战争,让我们共同努力创建和谐社会。

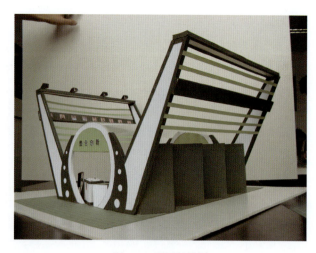

图6-63 测面效果图

(3)设计展开

展厅的主题色调我们采用的是绿色,因为绿色象征和平与希望,代表我们对世界和平的美好向往。展厅两侧的圆形造型是两对和平鸽共同拥抱一个圆,寓意世界各国在地球这个大家园中和平共处。我们在中间运用了白色,这代表纯洁,我们希望各个国家之间的交往是纯洁的、真诚的。此展厅分为三个区域,进门顺时针看,首先映入眼帘的是一个会客区,由五把休闲椅和一个茶几构成,这五把椅子是运用奥运五环的五种色彩构成的,象征五大洲的人们其乐融融地围在一起。接下来是一个平面图片展示区,上面陈列了由战乱到和平,再到合作的种种图片。该区采用了屏风的形式,简洁明快。最后是一个展台区,上面陈列着从古至今促进国家之间关系友好的物品,如佛教物品等。鸽子造型的翅膀上贴了不同的笑脸,体现了人们渴望和平的信念,以及我们步入和平后的幸福生活。整个展厅和谐统一,本身也是一个融合的象征。

作业2:融——浮动的幻影(见图6-64~图6-68)。

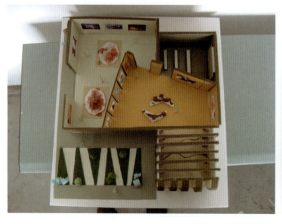

图6-64 平面图

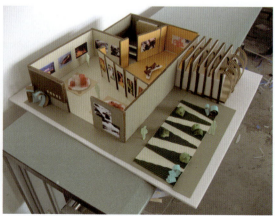

图6-65 鸟瞰图

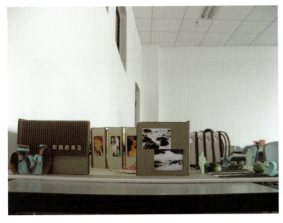

图 6-66　内部空间 1

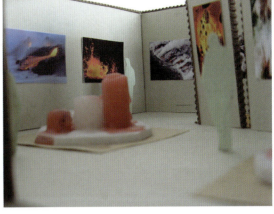

图 6-67　内部空间 2

（1）课题来源

在经历了震惊世界的 5·12 汶川大地震之后，我们不得不感慨生命的渺小和脆弱，你会发现自然的力量无时无刻不在我们的身边显现。面对自然的发怒——飓风、火山喷发、雪崩、海啸、地震……人们真正可以做的实在是微不足道。当有一天人类离开了熟悉的环境，赤裸裸地面对自然时，也许会意识到，高贵的人类只是其中很小的一部分，只是一个匆匆的过客罢了。不经意间，你是否也曾因一种力量而震撼，是否有一刹那与陌生人的想法产生共鸣，进入他所设定的世界，体会了解其中的真谛，这些种种瞬间的感受，在你还没察觉时已融入其中。

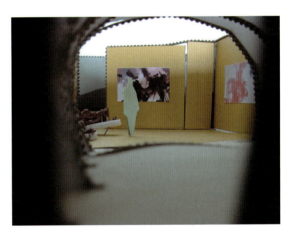

图 6-68　内部空间 3

（2）展示目的

《融——浮动的幻影》运用雕塑、摄影作品、多媒体等对自然现象进行综合再现，亦实亦虚，同时也展示了一种氛围，身处在展示空间中，由于环境、场景转换，给人不同的心理暗示，一种心灵、视觉的震撼，使作者与参与者产生共鸣，融入场景的氛围中。

（3）设计展开

此展区是以"融"为主题的专题性展览，主要以雕塑、摄影、多媒体展示为主。设计中运用了开敞式空间与静态空间相结合的手法。根据形式美法则的要求，把反复的序列式在动态与静态中相融合。空间划分是由两空间相邻接，采用贴墙布置、中心布置的手法，同时采用多种色彩相搭配，在变化中求得统一性。展厅配以柔和灯光烘托氛围，突出展示品。展览分成三大展区：雕塑区，陈列自然界中体现"融"的形态的模型，结合运用相机抓拍到的真实的自然图片进行展示；视听观演区，提供各种"融"的现象的多媒体展示；水墨表现区，提供给我们一个抽象的、视觉的艺术空间世界，运用水墨进行表现，将要素重新构造，以色彩、光线、空气等唤起浮动的幻影，营造出一种模拟生活状态的抽象的视觉体验。

作业3：融——新丝绸之路随想（见图6-69～图6-72）。

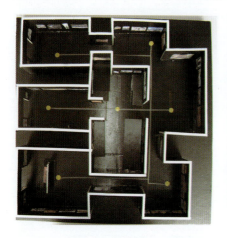

图6-69　平面图

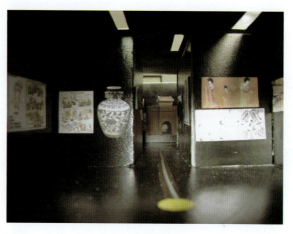

图6-70　内部空间1

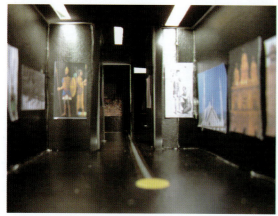

图6-71　内部空间2

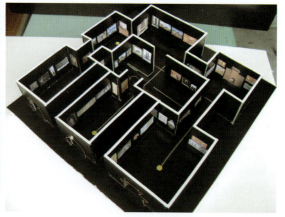

图6-72　鸟瞰图

（1）课题来源

融合——几种不同事物的组合。这是对融合的表面解释，融合有物质上的融合、文化上的融合以及人与人之间的融合等。融合在通常情况下都会被我们看作是一个好的现象，但是盲目地融合也会产生很多负面的影响，甚至会导致人们更加媚外，在我们身边就有许多这样的例子。本次设计是展示文化交融所带来的正面影响。

如何处理中西文化的复杂关系，一直是个难题。中西文化的不同，造成了中西方人性格的差异。以自我为主导和以人际自我为主导的两种人格结构类型，正反映了中西方文化传统中深层的不同的价值观念和思维方式。本次展示是借助丝绸之路来体现中西方文化交流所带来的意义。

（2）展示目的

丝绸之路是一条具有历史意义的国际通道，是连接中国和西方世界的第一座桥梁。通过这条古道，把古老的中国文化、印度文化、波斯文化、阿拉伯文化和古希腊、古罗马文化连接起来，促进了东西方文明的交流。本次展示的目的是通过大量的图片，让大家更深刻地了解这条古老的通道，了解中国的传统文化。

（3）设计展开

本设计是以当年"丝绸之路"的两条具体路线为蓝本，展开平面布置的。设计时，将这两条路线进行了变化调整，并据此设计了动线。展品主要以图片为主，展示丝绸之路沿线各地的风俗文化，并按照其在路线上的具体位置，布置在展馆内，参观者在观看的过程中仿佛踏上了真实的丝绸之路。展厅内部的色调以黑色为主，旨在让人感受到历史的沧桑。展位内部主要分为六个主要的展厅，并设置了三个出入口，参观者可以根据自己的需要灵活选择参观路线。

作业4：融——五彩的世界（见图6-73～6-75）。

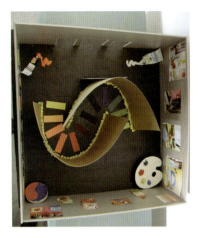

图6-73 平面图

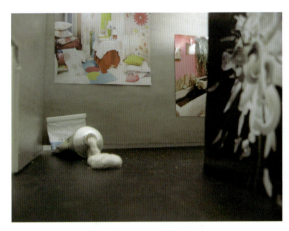

图6-74 内部空间1

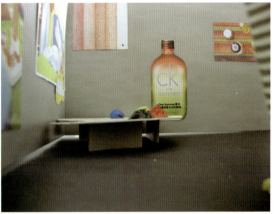

图6-75 内部空间2

（1）课题来源

融，是一个有着多重含义的字眼，我们所要展现的是色彩的融合。我们生活在一个五彩缤纷的世界里，光线照亮了这个世界，也给我们带来了各种色彩，而色彩的融合，很容易将人置身于现代艺术之中。我们希望通过展示，营造一个极具艺术魅力的空间，对设计者而言，这也是一种自我的展示。

（2）展示目的

通过各种色彩的融合展示，使人融入浓郁的艺术氛围之中，感受创意的快感，激发人们内心深处最真实的梦想与感动，从而使人们更加热爱这个世界，热爱生活。

（3）设计展开

采用空间相包容的组织形式，将展厅空间分为一大一小两部分，由两个曲面状的隔断进行分隔，隔断之间并无任何联系，我们想通过隔断的灵活布置在原本单调的方形空间内营造一种动感的、活泼的氛围。内部小空间的地面采用不同颜色的地铺，犹如一条弯曲的野外小径，让参观者感受色彩变化带来的快感。在展厅的四角，我们设计了四个以颜料为主题的雕塑作品，虽然略显随意，却色彩感十足。展厅的墙面上，以平面的形式展示了各种色彩融合的图片，给亲临现场的人们带来强烈的色彩震撼。

6.2.2 园

1. 题目分析

园，从语法的角度来讲，是一个名词性的中心词，可以在其前后加上不同的修饰词，来表示不同的意思。比如"花园""果园""公园""乐园""园林""园圃""园艺"等，不胜枚举。根据设计需要，为其指定一个确切的含义，并围绕这一含义展开设计。

2. 作业评析

作业1：园——印象中的江南园林（见图6-76～图6-80）。

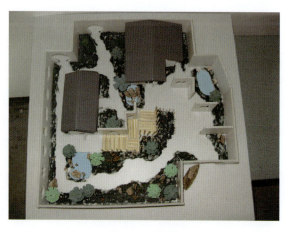

图6-76　平面图

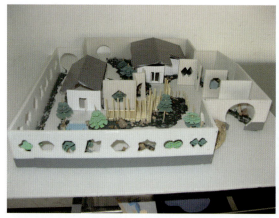

图6-77　前方效果图

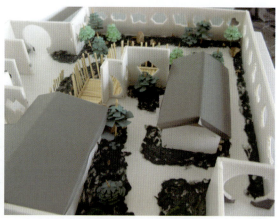

图6-78　内部空间1

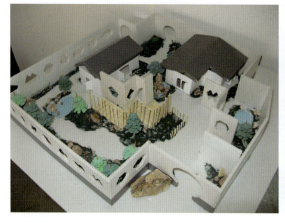

图6-79　鸟瞰图

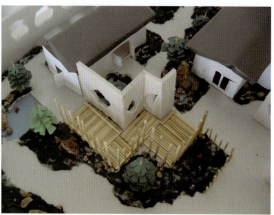

图6-80　内部空间2

（1）课题来源

中国园林的特色是赋有"诗情画意"的，或者说是寓有深刻的意境的。江南自古为富裕丰饶之地，尤其是南宋之后，中国文化重心南移，江浙一带，人事繁盛，构成了许多文化的精彩典章，其中园林艺术就是一朵盛开的奇葩。

（2）展示目的

江南私家园林原本是官宦巨商的退养之地，斥资修筑却不能张扬。如"拙政"之意即无心于政事，"网师"之意即渔父。有联道：诗书琴棋茶，风月云雨花。安居乐业，独善其身，是个人生命对社会生活的一种清醒认识。我们希望参观者能够在这里寻回闹市中的一种宁静与祥和，达到忘忧、忘归、忘倦的心身安宁的目的。

（3）设计展开

采用庭院的形式，运用借景的手法，一个简单质朴的园景展现在眼前。参观者可以透过门洞、窗口看到一幅幅迷人的画卷。青砖灰瓦、白墙褐柱、碧树绿池，亦如水墨画一般，成为一种智慧的生命。两间展厅分别展示静态的图片、模型和动态的视频，以更好地推广园林文化。

作业2：园——中华武术园（见图6-81～图6-84）。

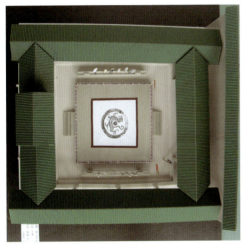

图6-81 平面图

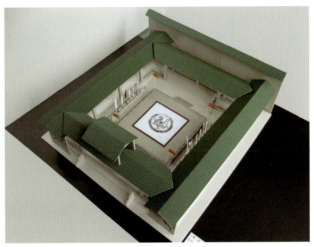

图6-82 鸟瞰图

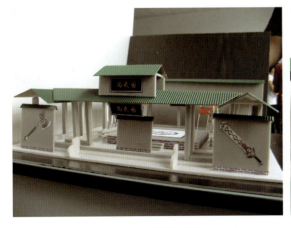

图6-83 正面效果图

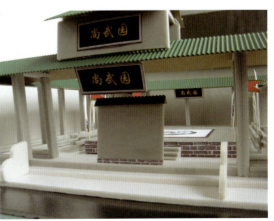

图6-84 细部图

(1) 课题来源

看到"园"这个字,你可能会联想到公园、乐园,或是中国园林,而我们这次把它理解为展示中国古代兵器的园地。从兵器的来源上讲,在人类社会的发展初期,兵器和工具是不可分的,随着社会的进步,兵器有了较为明确的定义,它专门指人与人武力斗争的器具,扮演着令人又敬又怕的矛盾角色。中国武术博大精深,兵器武术在中国有着悠久的历史,它既是一门学问,又是一门艺术,其发展值得人们去了解、去研究。

(2) 展示目的

中国是武术之乡,中国人自古就有练武的习惯。在古代,人们为了练武,创建武术馆,设置擂台,在这里我们想通过展示我国古代的各类兵器,让人们了解中国的兵器发展史,了解中国的武术,以及中国的文化和历史。

(3) 设计展开

我们给这次设计的中华武术园起了个名字,叫作"尚武园",采用古代武术馆的布局形式来布置展厅。在具体的设计中,运用回廊式的布置方法,结合纯中式造型的门头、照壁,让每个中国人来到这里,都有一种回到"中国家"的感觉。同时,采用序列式的动线布置方法,区域划分明确。展厅中间设有一个擂台,参观者可以在游览的同时上擂台"切磋"一下,身临其境地感受武术气息,体味中华武术。在这次设计中,我们主要以展架的形式展示各种不同的兵器,这不仅能够使参观者原汁原味地了解古代兵器,还能让我们不时地回顾历史,从中受到启发。

作业3:园——回归自然的品茶园(见图6-85和图6-86)。

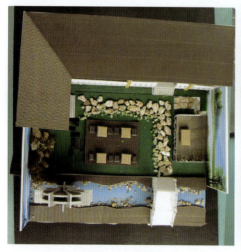

图6-85 平面图

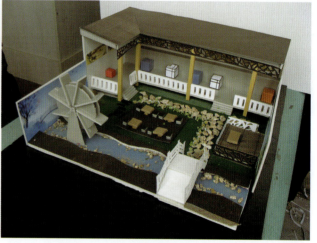

图6-86 鸟瞰图

(1) 课题来源

一看到这个题目,我们首先联想到的就是中国园林,中国传统园林那自然写意的特点,令每一个人都感到骄傲、舒适、惬意、心旷神怡。但冷静下来思考后,又感觉单纯的园林设计总是缺了点什么,应当为其增加一些使用功能,思来想去,最后决定设计一个品茶园。

(2) 展示目的

通过本次设计,我们一方面想为参观者提供一个舒适、安静的休息场所,在这里可以品位醇香的茗茶，欣赏茶艺表演；另一方面也想使参观者观赏小桥流水式的中国传统园林格局，了解中国传统园林的特点及其发展历史，进而深入体味中国传统文化的魅力。

（3）设计展开

本次设计的平面布局总体上分为三个部分。首先是入口处的园林景观区，在这里我们设置了一个流动的水体，并在其上架置了拱桥及水车等小品，使参观者一进门就能体味到浓郁的中式味道；在园林景观区之后就是茶艺表演区和品茶区，来到这里的人们可以在品茶的同时欣赏到精彩的中国传统茶艺表演，并了解茶文化在中国的发展状况；最后是一个文化长廊，内部以图片和模型的形式展示了中国传统园林在各个历史阶段的发展特点、形式布局等情况，使参观者身临其境，更为深入地了解中国园林。

6.2.3 网

1. 题目分析

在《现代汉语词典》中，"网"有以下几个释义："用绳线等结成的捕鱼捉鸟的器具""像网的东西""像网一样纵横交错的组织或系统""用网捕捉""像网似的笼罩着"。这个既有名词词性又有动词词性的"网"，为设计者提供了更多的选择性。"渔网""电网""法网""情网""蜘蛛网""交通网""网络""网点""网恋""网球""网站"等，根据自己的设计需要，选择一个确定的含义展开设计。

2. 作业评析

作业1：网——互联网带你进入科技生活（见图6-87～图6-91）。

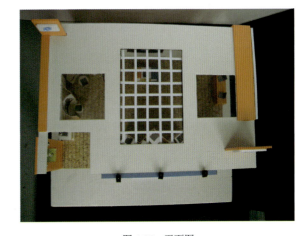

图6-87 平面图

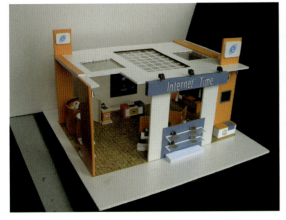

图6-88 鸟瞰图

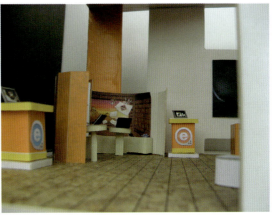

图6-89 内部空间1

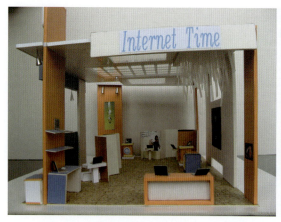
图6-90 内部空间2

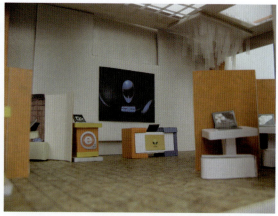
图6-91 内部空间3

（1）课题来源

网，即利用绳类物纵横交错形成捕获猎物及食物的工具。古人常常用各种形状的网来捕猎、打鱼等。然而，今天"网"又有了新的发展，从古代有形的网发展成无形的网——互联网。所谓互联，就是运用网络将各种信息、不同的人、不同的地区无形地联系起来，只要我们有需要便可轻松获得相关的信息资料。有了网络，我们今天的生活更加方便快捷，丰富充实。在本课题中，我们将要展示的便是互联网时代的科技生活。

（2）展示目的

网络进入我们的生活已经很久了，但是还有很多人没有真正懂得运用网络的强大功能来解决我们生活中的问题。我们想通过展示让人们深刻地了解网络在我们生活中的用途，同时通过让参观者亲身体验网络带给我们的方便快捷，使人们形成充分利用网络资源的意识，实现全民科技化、现代化，提高人们的生活质量。

（3）设计展开

我们在色彩运用上采用橙、白、蓝为主色调，这三种色彩冷暖结合，温暖清新，富有亲切感，通过对比色带给人强烈的视觉体验。形式上大量运用了由点构成的面，正如无数的数据、图像、影像、声音等资料形成了强大的网络。此展厅划分为三个展区，进门左侧第一个展示区用一大一小两个半圆形的隔断围合而成，小的半圆为商业资料查询区，为商务人士设成舒适的单人间；大的半圆为私人信件区，可以在这里给亲友发送电子邮件，进行网上交友、网上聊天等私人交流活动；按顺时针的顺序走，接下来便是电脑展区，参观者可以根据需要，选择适合自己的电脑款式；最后是网上购物区，采用屏风式的隔断将其划分成三个半通透的空间，具有一定的私密性。展厅一角的吊顶，是用有机玻璃制成的，玻璃错落有致，自然大方，别具特色。

作业2：网——信息网络时代的数字高科产品展示（见图6-92～图6-95）。

（1）课题来源

"网"字的造字元素是相交，"网"同时也是一种凝聚起来的力量，是一种连接。绳儿编成的层层相交的网可以捕鱼，蜘蛛编织的网可以获取食物，门窗上的沙网可以阻挡飞虫。相连即成"网"。现今，网的抽象概念"互相连接"成为最广泛的代名词，信息网络已经成为一张错综复杂的交织网，因为这张网让我们的生活更便捷，更有效率，而作为织这张网的媒介——数字高科产品,就是我们这次所要展示的内容。

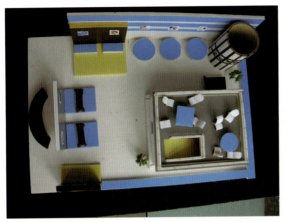

图 6-92 平面图

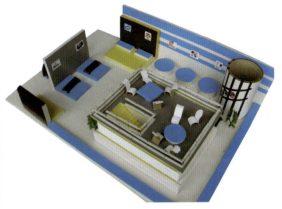

图 6-93 鸟瞰图

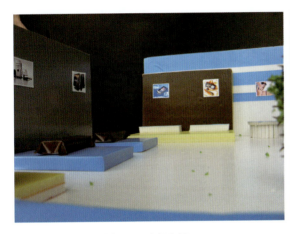

图 6-94 内部空间 1

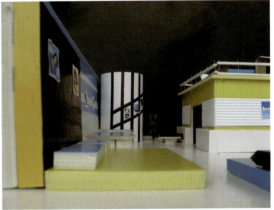

图 6-95 内部空间 2

(2) 展示目的

信息化高度发展的今天,"网"已经由一个单纯的物品演化成为"连接""交错"的代名词,互联网的高速发展、高端信息产品的丰富,使得我们必须拥有一个独立的空间来展示它们,为商家和顾客提供一个交易、交流的专业信息平台。

(3) 设计展开

本展厅是专为电子信息产品展示而设计的,总面积为 $192m^2$,东西向 $16m$,南北向 $12m$。展厅色彩搭配鲜明丰富,以白、褐、米黄、蓝为主体色调,展现出信息时代包罗万象的精彩画面,以及其特有的活力和更新速度,展览由多个展台及内置小展厅组成。各展厅造型简洁,质感强烈,为联想、三星、诺基亚等多个品牌提供展示空间,展厅西侧为咨询服务台,东侧为联想专属的大展厅,以黄、白为主体色,内部作为展示空间,展间内有楼梯通往楼顶,顶层备有休息区,可作为客户洽谈空间。在展间周围布置有盆景,优雅、和谐、生动、充满活力。展厅的北侧有 $2.3m$ 的围墙,蓝白相间;在东北角有一圆柱形状的展区,上面可以放置此次展览的展品和图片等。

6.2.4 戏

1. 题目分析

戏，有"玩耍""游戏""戏剧"之意，也可以表示"开玩笑""嘲弄"。围绕"戏"这个中心词，可以有诸多选择，如"戏本""戏剧""戏迷""戏言""戏弄""儿戏""嬉戏"等。根据设计需要，选择一个确定的展示主题，展开设计。

2. 作业评析

作业1：戏——"游戏人生"主题游戏产品展示（见图6-96～图6-99）。

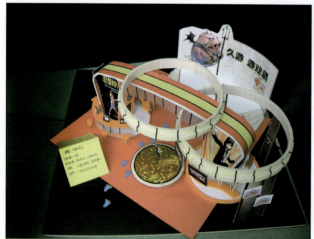

图6-96　鸟瞰图

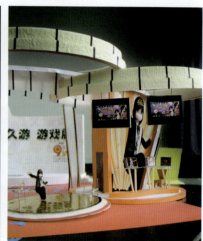

图6-97　内部空间1

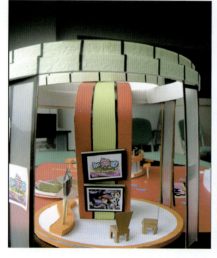

图6-98　内部空间2

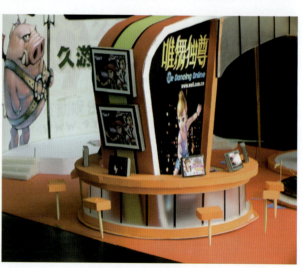

图6-99　内部空间3

（1）课题来源

看到这个"戏"字，我们马上就联想到了游戏。各个时代都有属于自己的游戏种类，当代年轻人最痴迷的游戏，自然是数不胜数的电子游戏。从当年风靡全球的街机游戏，到现在嵌入手机的小巧游戏；从闯关夺地的单机游戏，到积分升级的网络游戏，无不吸引着人们的注意，由此引出了本次设计的主题——游戏产品展示。

（2）展示目的

电子游戏并不像有些家长和老师认为的那样一无是处，很多游戏都可以锻炼人的反应速度和思维能力，有的游戏还能帮助了解历史和自然科学知识，甚至是提高英语水平。但是，也确实存在着一些消极的有很大负面影响的游戏。本次展示的目的就是向人们介绍并推广一些既具有积极意义，又生动活泼的主题游戏。

（3）设计展开

本设计紧扣"戏"的主题，体现了"游戏人生"的寓意与氛围。值得强调的是，这里所说的"游戏人生"并不是指消极对待人生的生活态度，而是意在营造一种游戏相伴的欢乐人生，特别是在生活、工作压力较大的今天，对于年轻的我们来说尤为重要。从构成的角度看，设计采用了流线的造型结合覆盖的空间限定方法，直线、曲线、圆形等图形要素可见其中，同时运用了重复、对称、均衡、统一与变化等形式美法则，使空间显得丰富美观，又给人以自由轻快的视觉效果。空间分为游戏介绍区、游戏人物展区和游戏体验区三个部分，颜色上运用了较为鲜明的色彩，在一定程度上反映了游戏内在的活力，并通过色彩的对比突出展区与展品，达到商业展示的目的。在空间尺度方面，根据人体工程学的要求设置每个展台和展品，以满足人们的不同需求。

作业2：戏——游戏于中国传统文化（见图6-100～图6-103）。

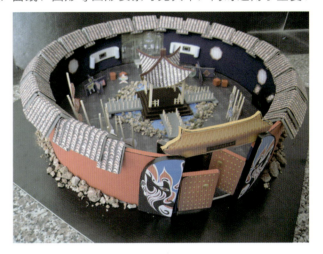

图6-100　鸟瞰图

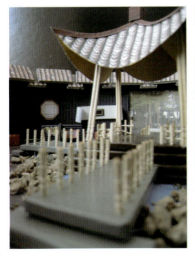

图6-101　内部空间1

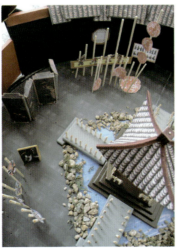

图6-102　内部空间2

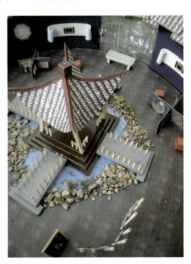

图6-103　内部空间3

（1）课题来源

"戏"使我们想到了中国的传统戏曲，同时也想到了游戏。于是，我们开始思考如何将这两个风马牛不相及的主题联系在一起，最终，我们确定了"游戏与中国传统文化"这个主题。

（2）展示目的

在全球化进程愈演愈烈的今天，生活在网络信息时代的我们，似乎离民族传统文化越来越远，而即将作为设计师的我们，肩负着传承这些文化的重任，所以，本次设计的目的在于让人们领略中华传统文化的博大精深。

（3）设计展开

本展示空间是一个中国传统文化的展馆，以"戏"为主题展开设计，并受到我国古代戏园和传统园林的启发，运用了红墙瓦砾等传统元素，整个设计的形状借用古代铜钱的形式，外圆内方，展馆外墙以圆形围合，中间置一方亭。这一形式同时体现着"天圆地方"的说法，展馆的大门两侧运用主题性很强的脸谱，形象地烘托出展馆"戏"的艺术氛围。内部空间以开阔性为主，分为四大展区，分别展示剪纸和皮影、脸谱、风筝、刺绣，采用形态各异的展示道具展示物品。园中方亭高于其他地面，置身亭中，能对整个展厅一览无余，再配上周围的水石花木及玻璃墙外的风景，使参观者在观展的同时，有种漫步于传统园林的惬意。